साहित्य और समय

अन्तःसम्बन्धों पर पुनर्विचार

साहित्य और समय
अन्तःसम्बन्धों पर पुनर्विचार

सम्पादन
बद्री नारायण

सम्पादन सहयोग
अर्चना सिंह, बृजेन्द्र गौतम, निवेदिता सिंह,
ऋचा पाण्डेय, ऋतु सुरेका

वाणी प्रकाशन

वाणी प्रकाशन
ज्ञान के विविध आयामों के प्रकाशक

वाणी प्रकाशन का 'लोगो' विख्यात चित्रकार मक़बूल फ़िदा हुसेन की कूची से

वाणी प्रकाशन, 4695, 21-ए, दरियागंज, नयी दिल्ली-110002
वाणी प्रकाशन, अशोक राजपथ (पटना कॉलेज के सामने), पटना (बिहार)

SAHITYA AUR SAMAYA : ANTHSAMBANDHON PAR PUNARVICHAR

Edited by Badri Narayan

Criticism

ISBN : 978-93-5000-252-0

प्रथम संस्करण

मूल्य : 250/-

वाणी प्रकाशन
फोन : 0091#11#23273167, 23275710
फैक्स : 0091#11#23275710
वेबसाइट : www.vaniprakashan.in
ई-मेल : vaniprakashan@gmail.com
vani_prakashan@yahoo.com

विशाल कौशिक प्रिंटर्स द्वारा दिल्ली-110093 में मुद्रित

समर्पण

साहित्य एवं समाज विज्ञान
के अन्तःसम्बन्धों पर शोधकार्य करने वाले अध्येताओं
तथा साहित्य में जनतांत्रिक विमर्शों को समर्पित

आइए
आपको एक किताब सुनाऊँ,
इसे पढ़ने पर पढ़ने का नहीं
सुनने का सुख मिलेगा,
सुनने पर गूढ़ ज्ञान आसान हो जाता है।

प्राक्कथन एवं आभार

अपने संस्थान के निदेशक प्रोफेसर प्रदीप भार्गव जी के प्रति हम आभार प्रकट करना चाहते हैं, जिन्होंने इस संगोष्ठी को परिकल्पित करने से लेकर अनेकों तरह का सहयोग प्रदान किया।

मैं विष्णु महापात्र का भी आभारी हूँ जिन्होंने समय-समय पर महत्त्वपूर्ण सुझाव दिये

अपने सहकर्मी सुश्री अर्चना सिंह, बृजेन्द्र गौतम, निवेदिता सिंह, ऋचा पाण्डेय तथा ऋतु सुरेका को भी हम धन्यवाद देना चाहते हैं जिन्होंने इस संगोष्ठी के आयोजन में हमें हर तरह से सहयोग प्रदान किया तथा इसकी पाण्डुलिपि को पुस्तक का रूप प्रदान करने में अहम भूमिका निभाई।

मानव विकास संग्रहालय में कार्यरत मेरे अन्य सहयोगी श्री एस. एस. नेगी, श्री रतन लाल, श्री अनवर अली तथा श्री मथुरा प्रसाद बिन्द के भी सराहनीय योगदान के लिए मैं उन्हें धन्यवाद देता हूँ।

अन्त में वाणी प्रकाशन के प्रबन्ध निदेशक श्री अरुण माहेश्वरी जी को धन्यवाद देना चाहता हूँ जो व्यक्तिगत रुचि दिखाकर इसे प्रकाशित करने में हमारे प्रेरणास्रोत बने।

—बद्री नारायण

15 फरवरी, 2009
इलाहाबाद

विमर्शकार

नामवर सिंह	: हिन्दी के वरिष्ठ आलोचक एवं चिन्तक, कुलाधिपति, महात्मा गाँधी अन्तर्राष्ट्रीय हिन्दी विश्वविद्यालय, वर्धा
राजेन हर्षे	: प्रसिद्ध अर्थशास्त्री, लेखक एवं आलोचक तथा कुलपति, इलाहाबाद विश्वविद्यालय, इलाहाबाद
मैनेजर पाण्डेय	: जाने-माने वरिष्ठ साहित्यकार
शिवकुमार मिश्र	: वरिष्ठ साहित्यकार, कथाकार एवं आलोचक
अजय तिवारी	: हिन्दी के महत्त्वपूर्ण जनवादी आलोचक
कमला प्रसाद	: वरिष्ठ साहित्यकार एवं आलोचक, सम्पादक-वसुधा
अखिलेश	: वरिष्ठ लेखक, सम्पादक-तद्भव
राजेश जोशी	: हिन्दी साहित्य के वरिष्ठ कवि
अनामिका	: वरिष्ठ कवयित्री एवं कथाकार
नन्द किशोर आचार्य	: वरिष्ठ कहानीकार एवं आलोचक
ममता कालिया	: वरिष्ठ कथाकार
रवीन्द्र कालिया	: वरिष्ठ कथाकार सम्पादक—नया ज्ञानोदय
सुधीर चन्द्र	: वरिष्ठ आलोचक
संजीव	: वरिष्ठ कथाकार, कार्यकारी सम्पादक—हंस
पंकज राग	: हिन्दी के प्रमुख लेखक एवं निदेशक, फिल्म इन्स्टीट्यूट, पूना
लाल बहादुर वर्मा	: वरिष्ठ इतिहासकार एवं लेखक
गुरु प्रसाद मदन	: लोकप्रिय दलित लेखक
वन्दना राग	: युवा कहानीकार
राजा राम भादू	: समकालीन विषयों के टिप्पणीकार तथा निदेशक, समानान्तर सेन्टर फॉर कल्चरल एक्शन एण्ड रिसर्च इन्स्टीट्यूट, जयपुर
नवल शुक्ल	: युवा कवि एवं सांस्कृतिक विषयों के विशेषज्ञ
कंवल भारती	: दलित साहित्यकार एवं प्रखर आलोचक
हेतु भारद्वाज	: वरिष्ठ कहानीकार एवं सम्पादक—अक्सर

एकान्त श्रीवास्तव	: वरिष्ठ साहित्यकार एवं सम्पादक वागर्थ
सारा राय	: हिन्दी की महत्त्वपूर्ण कहानीकार
मैत्रेयी पुष्पा	: हिन्दी की जानी-मानी लेखिका
अवधेश मिश्र	: वरिष्ठ कथाकार एवं आलोचक
कृष्ण मोहन	: हिन्दी के प्रमुख कथाकार एवं लेखक
निर्मला पुतुल	: आदिवासी समुदाय से जुड़ी प्रसिद्ध कवयित्री
नीलाक्षी सिंह	: हिन्दी की प्रमुख लेखिका तथा सम्पादक

भूमिका

हिन्दी साहित्य के पब्लिक स्फीयर में 'साहित्य में समय', 'अपने समय की अनुगूँज', 'समय से मुठभेड़' एवं टकराहट जैसे अनेक नारे सुनाई पड़ते रहते हैं। हममें समय की थाप है, आपमें नहीं, ऐसा कहकर समय का 'ऑथरटेटिव मिनिंग' विकसित किया जाता है एवं उस मीनिंग से साहित्य के अन्य तलों में मौजूद समय के अनेक रूपों को ध्वंस कर रचना के अन्य रूपों, जो हमसे भिन्न हैं, को खारिज कर रचना का एक होमोजेनियस प्रारूप बनाने एवं उसे प्रभावी रखने की कोशिश की जाती है। समय एक तानाशाह है। इस तानाशाह की तानाशाही करते हुए विचारक, कुछ आलोचक, कुछ कवि रचना जगत की प्रसिद्धि पर कब्जा चाहते रहे हैं। लेकिन ऐसा व्याख्याओं में आधारभूत दोष यह है कि इनमें समय को देखने का नजरिया ही थोड़ा भोंड़ा, थोथा, स्थूल एवं खोखला होता है। जब समय को देखने का नजरिया ही दोषपूर्ण है तो साहित्य में समय की खोज की कोशिश कितनी निष्पक्ष होगी। इस आलेख में मेरी कोशिश 'नब्बे के समय के बनने की प्रक्रिया' पर विचार करना है।

समय की अवधारणा पर कुछ बातें

अगर आप मेरे गाँव के एक अनपढ़ किसान को दार्शनिक मानें तो उसके लिए भी समय एक और एक-सा नहीं है। एक ही साथ वह समय को विकट मानता है, प्रारब्ध मानता है, नियति मानता है, कठिन समय में भी कर्मठ होते हुए पूर्व त्यौहार, एवं व्रतों के रूप में अपने जीवन समय को सेलिब्रेट करता है। उसके लिए एक तो समय एक-सा नहीं है। समय क्षण-क्षण परिवर्तनशील है। समय में वह जीता है, समय से वह लड़ता है, पर समय पर उसका नियन्त्रण नहीं है। समय पर किसी और का नियन्त्रण है। भाग्य, भगवान या नियति का। यहाँ पर समय में वह जीता है, समय उसमें जीता है, पर समय इसका सेल्फ न होकर 'अदर' हो जाता है। एक अनपढ़ श्रमिक खेतिहर के लिए 'दैनिक जीवन-समय' के भीतर ही 'श्रम समय', 'आध्यात्मिक समय', 'रिचुअल एवं सेलिब्रेशन समय' इत्यादि एक साथ ही जीवनचर्या में बहुल स्पेस बनकर सक्रिय होते हैं।

नगरीय समय बोध की तरह यहाँ कैलेण्डर, घड़ी, जयन्तियाँ, शताब्दियों एवं सरकारी कार्यालीय अवकाशों के रूप में समय विद्यमान नहीं होता है। हालाँकि बढ़ते बाजार का ग्रामीण क्षेत्रों में प्रसार, ग्राम्य जीवन के जीवनपरक उत्पादों का व्यावसायिक उत्पादों में तब्दीली, उनका निर्यात इत्यादि, मोबाइल, पी.सी.ओ. की उपस्थिति एवं संचार से जुड़ी गतिविधियों ने ग्रामीण जीवन के समयबोध एवं 'ग्रामीण टाइम स्पेस' में गतिशील अनेक 'टाइम स्पेस' की उपस्थिति को हटाकर 'एक इम्पटी होमोजिनियस स्पेस' में तब्दील कर रहा है। अनपढ़ ग्रामीण श्रमिक किसान का समय बोध जो उसकी हथेलियों की रेखाओं और ललाटों में लिखा होता है, जिसे वह दिन-रात खट-खटकर बदलता है ये रेखाएँ उसके श्रम से बदलती हैं किन्तु जिसे वह अपरिवर्तनशील मानता है। एक किसान के समय बोध में आपको एम्बीवेलेन्स दिखाई पड़ेगा, एक तरफ तो वह यह मानता है कि दिन (समय) बदलता है, 'सब दिन होत न एक समाना' वही दूसरी ओर वह यह भी मानता है कि सब कुछ पहले से लिखा हुआ है। अर्थात् बदलती परिस्थितियों और सन्दर्भों के अनुसार, वह समय को कभी नियत और कभी परिवर्तनशील मानता है।

वही परम्परावादी ज्ञानी दार्शनिक गण यथा आनन्द कुमार स्वामी, रेनेग्योनान, गोपीनाथ कविराज तथा उनकी वर्तमान सन्ततियाँ यथा गोविन्द चन्द पाण्डेय, यशदेव शल्य जैसे टीकाकार या थोड़ी आधुनिक-सी दिखती कपिला वात्स्यायन या अपने अज्ञेय जी समय को सदा शाश्वत, सदा अपरिवर्तनीय अर्थात् सनातन मानते रहे हैं। अब यह अलग बात है कि ये इसे जोड़ने की कोशिश करते दिख जायेंगे। या गोविन्द चन्द जी कहेंगे कि लोक में जो भी समय बोध है वह पौराणिक एवं शास्त्रीय समय बोध का ही प्रसार एवं अनुकरण है, जो सनातन है अर्थात् अपरिवर्तनशील है। विद्वानों का यह संवर्ग समय चक्र में किसी भी परिवर्तन को विकार मानता है। उनका सनातन अविकारी है जो होमोजिनियस एवं होलिस्टिक है। ऐसे लोग पौराणिक समय बोध जो चक्रीय (सरकुलर) है पर गहन विश्वास करते हैं। पश्चिमी समाज का समयबोध भी भयानक रूप से होमोजिनियस है जो लिनियरिटी (एकरेखिकता) में विश्वास करता है।

भारतीय परम्परावादी एवं पश्चिमी आधुनिकतावादी दोनों में ही समय को व्याख्यायित करने के सन्दर्भ में एक मामले में एकरूपता है कि दोनों ही एक समय में रहते हुए भी अनेक टाइमस्पेस को नकारते हैं। इस प्रक्रिया में परम्परावादी एवं आधुनिकतावादी दोनों ही समाज के प्रभावी सत्ताओं के आधिपत्यशाली बोध को ही एक मात्र समय बोध मानते हुए शक्तिहीनों के समय बोध को नकारने की कोशिश करते हैं। साथ ही समय के आदर्श एवं एब्सट्रैक्ट अर्थ पर जोर देते हुए समय के सामाजिक निर्मिति को नकारते हैं।

जाहॉनेस फेबियन ने अपने अत्यन्त प्रसिद्ध किन्तु नवीन शोध, 'टाइम एण्ड

द अदर' हाऊ एन्थ्रोपोलॉजी मेक्स इट्स आब्जेक्ट (कोलम्बिया यूनि. प्रेस, कोलम्बिया) में एक महत्त्वपूर्ण स्थापना करते हैं कि हम एक ही समय में रहते हुए अनेक समय स्पेस में जीते हैं। चूँकि समाज अनेक स्तरों में बँटा है, अतः अनेक स्तरों में बँटे समाज में अनेक समय स्पेस होंगे। आपने पहले के मेरे वृत्तान्त में देखा कि किस प्रकार एक अनपढ़ किसान का समयबोध दार्शनिकों से भिन्न है। वही पिछले लोकसभा चुनाव में हम लोग इलाहाबाद के पास के एक जनजातीय आबादी वाले गाँव में लोगों का साक्षात्कार ले रहे थे। गन्नू नाम के एक गोण्ड से हम लोगों ने पूछा आप मुरली मनोहर जोशी को वोट देने की बात कर रहे हैं। आपको पता है वो कौन हैं? उसने कहा वे गाँधी जी की पार्टी के हैं। गाँधी जी के बेटे हैं। देखिए इस गोण्ड के लिए आज भी समय 1955 के आस-पास ही रुका है। वही इलाहाबाद शहरवासियों के लिए 'समय' इक्कीसवीं शताब्दी, आई. टी. युग में प्रवेश कर चुका है। अगर हम आजादी के बाद 1950 के समय के अर्थ पर ही विचार करें तो 1950 अर्थात् भारतीय आजादी का प्रभात भारतीय समाज के अभिजात्यों के लिए अलग या एवं दलितों के लिए जनजातीय समाजों के लिए तो और भी अलग होगा।

नाइन्टीज की निर्मिति का 'लांग डूरे'

उपरोक्त के विमर्श से जो बात निकलती है उनमें से कुछ का इस्तेमाल हम यहाँ नब्बे के समय पर बात करते हुए करना चाहेंगे। दूसरे, एक तो हम नब्बे के समय की सामाजिक निर्मिति तलाश करना चाहेंगे। हम इस पर बात करते हुए समय की सनातनता की अवधारणा को भंग करना चाहेंगे। समय अपने एब्सट्रैक्ट एवं आदर्श अर्थों में सनातन हो सकता है किन्तु मानुष अपने जीवन क्रम में उसकी सनातनता को बार-बार भंग करता है। संयम की आविष्कृत सनातनता के इसी भंगीकरण के क्रम में समय अपना अर्थ पाता है। समय की सनातनता के इसी भंगीकरण के क्रम में सामाजिकता या 'सोशल टाइम' रचा जाता है और शायद इसी क्रम में समय की सामाजिक निर्मिति सम्भव हो पाती है। फ्रांसीसी इतिहासकार फर्नान्ड ब्रॉदेल अपने प्रसिद्ध किताब 'द व्हील ऑफ कॉमर्स' में आम मानुष के दैनन्दिन जीवन में एब्सट्रैक्ट समय की इसी सनातनता के भंगीकरण की सामाजिक एवं आर्थिक प्रक्रिया का विस्तार से वर्णन करते हैं।

फ्रेंच एनालूस स्कूल जब भी किसी समयखण्ड पर विचार करता है तो उसे वह 'फिज्ड' एवं 'फिक्सड' समय इकाई के रूप में नहीं देखता। इतिहास को मात्र घटनाओं तक ही सीमित करके नहीं देखता, वरन् 'लॉग डुरे' के रूप में देखता है अर्थात्, कोई भी समय एक समय खण्ड की इकाई मात्र न होकर एक प्रक्रिया है जो उस समय के पहले भी घटित होता रहता है एवं उस समय के बाद भी। उक्त समय खण्ड को निर्मित करने में उसके पहले का सामाजिक, आर्थिक एवं राजनीतिक

इतिहास एवं उसके बाद के सामाजिक, आर्थिक, राजनीतिक इतिहास में उसकी व्याप्ति का अवलोकन दोनों मिलकर उस समय की इकाई का अर्थ सृजित करते हैं।

पुनः वह समय खण्ड अपने आप में एक आइसोलेटेड खण्ड नहीं होता। उक्त समय में भी अनेक समय बोध अनेक समुदायों में सक्रिय होते हैं। ये समय बोध अगर नामवर जी की मानें तो आमने-सामने न होकर अगल-बगल होते हैं। गोबिन्द बल्लभ पन्त सामाजिक विज्ञान संस्थान, इलाहाबाद में साहित्य एवं समय : पीढ़ियाँ आमने-सामने' विषय पर आयोजित संगोष्ठी में नामवर जी ने अनेक पीढ़ियाँ जो अनेक समयबोधों के साथ एक ही समय में सक्रिय होती हैं, उनका आपसी सम्बन्ध बनाम एवं टकराव का न होकर आपसी सह अन्तःसंवाद का होता है जैसी राय व्यक्त की थी। उन्होंने यह भी बताया था कि ऐसे ही समकालीनता बनती एवं अर्थ पाती है। अगल-बगल रह रहे अनेक समयबोध मिलकर एक निश्चित समय खण्ड का अर्थ रचते हैं साथ ही अलग-अलग अपना भी अर्थ रचते हैं।

आजादी के बाद भारतीय जनतंत्र के इतिहास में 1950, 1960 एवं 1990 तीन महत्त्वपूर्ण समय खण्ड हैं। 1950 इसलिए क्योंकि हमें आजादी मिली थी, आजादी की लड़ाई के दौरान जनगण में जिन सपनों को देखा था, उन्हें सच होने की प्रक्रिया प्रारम्भ होनी थी या पूरा होना था। दूसरे आजाद भारत में जनतांत्रिक चुनाव एवं जनतांत्रिक चुनाव में नये सपनों एवं वादों को देखने एवं दिखाने का यह पहला अवसर था। यही वह वक्त था जब फूलपुर संसदीय क्षेत्र से नेहरू जी चुनाव लड़ रहे थे और उनकी चुनाव सभाओं में दलित जन गीत गा रहे थे—

भारत स्वर्ग लोक होई जाइहैं
धीर धरा सजनी
छुआछूत का भेद मिटाई हैं
इ देखा बुद्धिमानी
पंडित धोबी के घर खइहैं
धीर धरा सजनी
भारत स्वर्ग लोक...
विधा का परचम है भारी
अब खुल गये मदरसे
बिजली, ट्यूबवेल, नहर गड़े में
नाही बाटे अरसा (2)
नदियाँ दूधन से भर जाइहैं
धीर धरा सजनी
लेना-देना तेरही-बरही

सब छूट जइहैं
पूँजीपति बैइठ रोइहैं
धीर धरा सजनी

इस गीत में यह सपना था कि सबको खाने को चावल मिलेगा हर तरफ नहर एवं बिजली हो जायेगी, शिक्षा का प्रसार होगा और हर तरफ मदरसा खोला जायेगा। साथ में सबसे बड़ा सपना था कि ब्राह्मण धोबी के घर खाने में परहेज नहीं करेगा। जिनमें कुछ सपने सच हुए, कुछ सपनों को अभी भी सच होना है।

यह एक प्रकार भारतीय राष्ट्रवाद एवं जनतांत्रिक राज्य के मेटानैरेटिव के उद्भव एवं विकास का काल था। जिसमें सबके सपने जो आजादी की लड़ाई के दौरान एक थे नवीन विकासपरक आकांक्षाओं के साथ जुड़कर विस्तारित हो रहे थे। भारतीय कल्याणकारी राज्य से अपेक्षाएँ बढ़ रही थी कि इस वक्त भी भारतीय समाज का अभिजात्य का समयबोध सचमुच 1950 में था, जो भारतीय राज्य की शक्ति एवं सुविधाओं को ज्यादा-से-ज्यादा हथिया लेना चाहता था वहीं दलित, पिछड़े एवं उपेक्षित तबके अभी भी आजादी की लड़ाई के दिनों में अपने सरवाइवल के लिए अंग्रेजी साम्राज्य के दंश से उबरने, क्रिमिनल ट्राइब एक्ट इत्यादि से मुक्ति की स्थिति बनने के सपने में पड़े थे। किन्तु जीवन के लिए बेहतर स्थिति के उनके सपने विकास की आकांक्षाओं से भी जुड़ने लगे थे, और 50-60 के बीच भारतीय समाज के राष्ट्रवाद का मेटानैरेटिव जो ग्रास रूट पर उतना नहीं बना था, जितना प्रचारित हुआ था, टूटने लगा था।

फणीश्वर नाथ 'रेणु' इसी वक्त अपने उपन्यास 'मैला आँचल' में अत्यन्त सबवर्सिव ढंग से भारतीय ग्रास समाज में घटित होने वाले इस स्वप्नभंग एवं इस स्वप्नभंग से जनित क्षोभ एवं टकराव का अंकन कर रहे थे। भारतीय गाँव पर 1950 से 1960 के बीच जो भी अध्ययन हो रहे थे, विकास की जो योजनाएँ बन रही थीं, उनका स्वर भी दलित एवं उपेक्षितों पर केन्द्रित नहीं था। गाँव के नाम पर गाँव के अभिजन का जय हो रहा था। एक तरफ 1950 के दशक में बन रहे भारतीय राज्य के विकासपरक प्रोजेक्ट्स पर तथाकथित 'राष्ट्रीय अभिजन' का कब्जा हो रहा था, वहीं दूसरी तरफ उपेक्षित समुदाय की आकांक्षाएँ बढ़ रही थीं। जो उनमें अनेक भारतीय राष्ट्रवाद के प्रति उनके स्वप्नभंग का बीज बो रहा था। परिणामतः 1960 के दशक में भारतीय राष्ट्रवाद के प्रति मोहभंग स्पष्ट रूप से दिखने लगता है। दलित शिक्षित लेखक संवर्ग 1960 के बाद भारतीय राष्ट्रवाद के दलित नायकों को ढूँढ़ना शुरू करता है। भारतीय राष्ट्रवाद के वृत्तान्त में अपनी छवि खोजना शुरू करता है। अछूतानन्द, अम्बेडकर जैसे लोग जो मुख्यधारा के राष्ट्रवाद से टकरा रहे थे, से भिन्न 1960 के बाद का शिक्षित दलित जन मुख्य धारा के राष्ट्रवादी वृत्तान्त में अपने

नायक ढूँढ़कर आजादी की लड़ाई में अपनी भूमिका एसर्ट कर भारतीय जनतांत्रिक राज्य के कल्याणकारी प्रोजेक्ट्स में अपना शेयर माँग रहा था। 1960 का यह मोहभंग एवं भारतीय जनतंत्र पर एक खास तबके के कब्जे की यह अनुगूँज उस समय की मुख्यधारा के साहित्य में भी दिखाई पड़ने लगी थी। मुक्तिबोध की कविता अँधेरे में उस समय की सम्पूर्ण कोशिश को अत्यन्त आलोचनात्मक ढंग से अभिव्यक्त करती है। आजादी की लड़ाई के दौरान उभरे सपने से बने भारतीय जनतंत्र के हाइजैक हो जाने की कथा को अत्यन्त संशय एवं भय के साथ वे अँधेरे में कविता में जगह देते हैं। 1960 के बाद ही 1962 में झाँसी की रानी लक्ष्मीबाई के समानान्तर दलित अपनी नायिका झलकारीबाई की रचना करते हैं जिसकी अभिव्यक्ति भवानी शंकर विशारद की लोकप्रिय पुस्तिका वीरांगना झलकारीबाई में होती है।

1960-80 के मध्य भारतीय राष्ट्रवाद का राजसत्ता एवं अभिजन रचित वृत्तान्त में दरकन की प्रक्रिया विकसित हो रही थी। भारतीय जनतांत्रिक सत्ता से मोहभंग की प्रक्रिया तेज हो रही थी। कल्याणकारी योजनाओं का लाभ आधारतल तक पहुँच नहीं रहा था और ऊपर ही ऊपर कई नये उभरे सत्ता समूह (चील-बाज) उन्हें झपट ले रहे थे। भारतीय जनतांत्रिक राजसत्ता की संकटग्रस्तता बढ़ती जा रही थी। परिणाम 1970 से 1980 के कालखण्ड की इमर्जेन्सी में दिखाई पड़ता है। इसलिए 1970-1980 तक के कवियों की रचनाओं में अगर आप देखें तो जनतांत्रिक स्वप्नों जिसके मोहभंग की शुरुआत 1960 में हो चुकी थी, उनका विस्तार दिखाई पड़ता है। जे. पी. आन्दोलन, इमर्जेन्सी की प्रतिरोधी राजनीति से बने उनके मानस में साहित्य में भी प्रदर्शनकारी राजनीतिक (जुलूस, घटना, प्रदर्शन, ऑबवियस पालिटिक्स की माँग का आग्रह दिखाई पड़ता है। 1970 से 1980 तक के कवियों की एक धारा जो महानगरीय चेतनाबोध से जुड़ी है एवं उस तबके का हिस्सा रहा है जिसने शहरों में आपात्काल का विरोध का नेतृत्व किया था, में ऐसी खुली पब्लिक स्पेस की राजनीति का घनघोर आग्रह दिखाई पड़ता है। इस समय खण्ड में ही इमर्जेन्सी के प्रतिरोध से उभरी राजसत्ता एवं उसके स्वप्न भी भंग होते हैं। इसी काल खण्ड में वे कवि ज्यादा बेहतर कविताएँ लिखते हैं जो इमर्जेन्सी से उभरे जनस्वप्न को मरते देख उसकी प्रतिक्रिया एवं प्रक्रिया में रचना लिख रहे थे। अरुण कमल, राजेश जोशी, विष्णु नागर, असद की कविताएँ ऐसा ही काव्य प्रवृत्तियों का प्रतिनिधित्व करती दिखती हैं।

1980 से 1990 का कालखण्ड जो द लॉग नाइन्टीज का निर्णायक कालखण्ड है, में विश्व मानवीय विकास के इतिहास में एक महत्त्वपूर्ण दुर्घटना होती है। वह है सोवियत रूस का पतन। प्रतिरोधी एवं परिवर्तन के महान स्वप्न का भंग। इस घटना ने पूरी दुनिया में एक संशय एवं भय को जन्म दिया। मानवीय भविष्य की संकटग्रस्तता में 'वलनैरेबिलिटी' स्वप्नभंग की पीड़ा, आत्म खोज, लोक समाजों के

संस्रोतों को लेकर प्रतिरोध के नये स्रोतों की तलाश 1980 से 90 के दशक की कविता की मूल प्रवृत्ति बनी। एकान्त, नवल, अंबुज, देवी प्रसाद निलय की कविताएँ, इन प्रवृत्तियों से उभर रही थीं। बाद में पवन करण, चेतना क्रान्ति इत्यादि अनेक कवि इस समय की संकटग्रस्तता की रचनात्मक अभिव्यक्ति करते हैं। राजनीतिक के खुले रूपों के अतिरिक्त राजनीतिक के नये सन्दर्भों में विकसित हो रहे नये रूपों की रचनात्मक तलाश की इस दौर के कवियों की कोशिशों को मिसरीड किया गया, क्योंकि चश्मा पुराना था, और इमर्जेन्सी के दौरान के उभरे चश्मे से उन्हें देखा गया। यह नहीं समझा गया कि इस दौर में विश्व इतिहास एक बड़े अभिशाप का शिकार हो गया है। दुनिया एक ध्रुवीय होने जा रही है और पूरी दुनिया एक बाजार में तब्दील होने जा रही है। प्रतिरोध एवं राजनीति के ऑबवियस 'फार्म्स' खतरे में है, नये प्रतिरोधी रूपों की तलाश दृष्टि, विचार एवं रचना के लिए जरूरी हो गये हैं। 1980 से 1990 के दौर में ही भारतीय जनतांत्रिक राजनीतिक फ्रैक्चर्ड होती है। सत्ता की केन्द्रीयता टूटती है। उपेक्षितों की राजनीति बलवती होती है, नये सामाजिक समूह भारतीय जनतांत्रिक राजनीति में महत्त्वपूर्ण होते जाते हैं। यह सब सामाजिक, राजनीतिक प्रक्रियाएँ हमारे आलोचनात्मक चेतना बोध एवं रचनात्मक स्फेयर में महत्त्वपूर्ण परिवर्तन ला रही थी।

भारतीय राजसत्ता सिकुड़ती जा रही है। नयी आर्थिक नीति लागू हो रही है। ग्लोबलाइजेशन की आधारभूमि के लिए बाजारीकरण एवं प्राइवेटाइजेशन जैसी आर्थिक एवं राजनीतिक प्रक्रियाएँ चल रही हैं। 1980 से 1990 के दौर में बाजार कन्ज्यूमरिज्म एवं नये तकनीकी के साथ नये सूचना संजाल इन्टरनेट बलवान हो रहा था। रूस के पतन के बाद अमेरिका की आक्रामकता बढ़ने लगी थी, इराक पर बार-बार आक्रमण हो रहे थे, इराक में ही नहीं दुनिया में अच्छी, सुन्दर, नाजुक चीजों, भावनाओं एवं सम्बन्धों पर घातक आघात हो रहे थे। इस दौर में उभर रही कविता एवं कहानी (उदय प्रकाश, अखिलेश जैसे सशक्त कथाकार) लॉग नाइन्टीज के इन आघातों, परिवर्तनों एवं दंशों को अपनी रचना में वाणी दे रहे थे।

एक तरफ आधुनिकता का प्रोजेक्ट अनफिनिस्ड था। इसके पॉजिटिव योगदानों के साथ-साथ ऑप्रेसिव प्रभाव ज्यादा मुखर होने लगे थे। इसी खण्ड में आधुनिकता के प्रोजेक्ट के क्रिटिक के रूप में उत्तर आधुनिकता आ रही थी। ऐसे में इस दौर में जिन कवियों एवं कथाकारों का मानस बन रहा था, उनके लिए चीजों, परिवर्तनों एवं संघटनाओं को समझने की सरल गणित गड़बड़ा चुकी थी। इस गड़बड़ाए सरल गणित में जो जटिल रचनात्मकता भावबोध बन रहे थे, जिन्हें आज तक न ठीक से समझा गया है न ही कुछ आलोचनाओं को छोड़कर इन पर ठीक से आलोचनात्मक बातचीत हुई है। साहित्य में विषय एवं एजेन्डे बदल रहे थे। साम्प्रदायिकता का विषय तो था पर तरह-तरह का आतंकवाद प्रभावी हो रहा था,

सामूहिक संहार का खतरा बढ़ रहा था, पर्यावरण, उपेक्षित समुदायों के प्रश्न सबआलर्टन प्रश्न महत्त्वपूर्ण हो रहे थे। दलित प्रश्न खड़े हो रहे थे, नारी प्रश्न उभर रहे थे। इस दौर के रचनाकार इन नये सवालों से जूझ रहे थे, जो 1970-1980 के दौर के रचनाकारों के लिए महत्त्वपूर्ण नहीं था।

पर 1970-1980 के दौर में उभरी आलोचनात्मक दृष्टि एवं टाइप्स से ही 'लॉग नाइन्टीज 1980-1990 से 1990 से 2000 जिसका विस्तार वह इक्कीसवीं सदी है को देखा जा रहा है। लॉग नाइन्टीज मोबाइल, एस. एम. एस., टेलीविजन, नेट, नये सूचना संजालों से बने एक वर्चुअल कम्युनिटी एवं वर्चुअल रियलिटी से टकरा रहा है, जहाँ 1980 के पूर्व का रियलिटी (यथार्थ) का अर्थ बदल चुका है। महाकाव्यात्मक (रामायण, महाभारत) मिथक से इतर हम एक नये 'मिथिक टाइम' जो इस वर्चुअल स्फेयर ने तैयार किया है, से गुजर रहे हैं। ग्लोबलाइजेशन, बाजार, उसकी सुविधा, सुख एवं उसकी हिंसा भी कुछ का सुख पर अनेकों का दुख को देख रही है। इसी पीढ़ी की द्विविधा की रचनात्मकता जो आज हमारे सामने है, उक्त समय सन्दर्भ पर विचार करते हुए मूल्यांकन की नयी दिशाओं की ओर संकेत करती है। ऐसे में इस कालखण्ड के रचनाकारों की आलोचनात्मकता, उनके औजार उनके चश्मे को लॉग नाइन्टीज के समय के इतिहास के सन्दर्भ में देखने की रचनात्मक आवश्यकता है।

इन्हीं प्रश्नों पर विचार करने हेतु गोविन्द बल्लभ पन्त सामाजिक विज्ञान संस्थान, इलाहाबाद द्वारा 31 मार्च से 2 अप्रैल, 2008 के मध्य 'कालपात्र - साहित्य और समय : पीढ़ियाँ आमने-सामने' शीर्षक के अन्तर्गत राष्ट्रीय संगोष्ठी का आयोजन किया गया। इस संगोष्ठी में विभिन्न साहित्यकारों, इतिहासकारों एवं बुद्धिजीवियों द्वारा जो व्याख्यान एवं विमर्श हुए उसका पुस्तक रूप आपके सामने प्रस्तुत है।

अनुक्रम

खण्ड-1

उद्‌घाटन सत्र

प्रस्तावना वक्तव्य/ प्रो. प्रदीप भार्गव
उद्‌घाटन सम्भाषण/ प्रो. नामवर सिंह
अध्यक्षीय सम्भाषण/ प्रो. राजेन हर्षे

प्रदीप भार्गव

प्रोफेसर राजेन हर्षे इलाहाबाद विश्वविद्यालय, प्रोफेसर नामवर सिंह जी का मैं गोविन्द बल्लभ पन्त सामाजिक विज्ञान संस्थान में स्वागत करता हूँ। हमारे संस्थान का एक संकल्प है कि छिपे हुए असत्य पर विजय प्राप्त करना। बद्री अपने दलित संसाधन केन्द्र तथा संस्थान के अन्य लोग इस दिशा में कार्य कर रहे हैं जैसे पत्थर तोड़ने वाले मजदूरों के साथ रोजगार गारण्टी कानून के तहत एवं बुन्देलखण्ड के मजदूरों के साथ छत्तीसगढ़ के आदिवासियों के संघर्ष में हमारे साथी जुड़े हैं और अपना जनमत तैयार करते बुजुर्गों के साथ जुड़े हैं।

आज समाज एक ऐसे पड़ाव पर है जहाँ शोध ही सम्भव है। दुनिया में कुछ ही लोग साहित्य पढ़ते थे फिर कुछ और पढ़ने लगे तो कॉफी हाऊस और चाय की दुकानों पर होने वाली चर्चाएँ सीधे अखबारों के माध्यम से सरकार तक पहुँच रही थीं फिर कुछ लोग पढ़ने लगे तो वे अपने अधिकारों के प्रति सजग हो गये। इसी दौरान क्रान्तिकारी साहित्य भी लिखा और पढ़ा गया। कल्याणकारी राज्य की स्थापना हुई और नागरिक समाज सामाजिक अधिकारों की माँग करने लगा।

वर्तमान समय में बाजारी शक्तियों ने मीडिया के मार्केट में प्रभुत्व स्थापित कर एक नयी जनचेतना का निर्माण कर लिया। उसमें लोग सोचते हैं कि वो बड़े आलोचक हो गये हैं और विवेकपूर्ण जनमत का इस्तेमाल कर रहे हैं। इण्डियन आईडल के लिए एस. एम. एस. करते हुए सोचते हैं कि इतना बड़ा निर्णय हम कर रहे हैं। एक ओर तो यह बुद्धिजीवियों का समागम है तो युक्तिसंगत आलोचनात्मक विमर्श है जो बहता भी है पर अपने-अपने खेमों में। जैसे वकील अपने समाजशास्त्र की चिन्ता तो खूब करते हैं लेकिन उसे जनहित में इस्तेमाल कम ही कर पाते हैं जैसे बद्री का आज का यह आयोजन है। दूसरी ओर मीडिया स्वीकृति हैं जिसमें उपभोक्ता अपनी स्थितियाँ स्वीकार कर चुका है। उसकी आलोचना नहीं होनी चाहिए। यहाँ तक कि जो समाज में अस्मिता की लड़ाई लड़ते रहे हैं जैसा बद्री ने जिक्र किया और अपना साहित्य भी रच रहे हैं, वे लोकतांत्रिक चेतना के अभाव में अपनी अस्मिता गठित कर पाये हैं ऐसे में मेरे दो प्रश्न हैं पहला यह कि

परिस्थितियाँ कुछ ऐसी हैं कि टुकड़े-टुकड़े साहित्य नारी विमर्श दलित विमर्श के पहले एक विशाल जनमत तैयार हो सकता है? और दूसरा है कि साहित्य जगत की पीढ़ी-दर-पीढ़ी के विचार वही हैं या बदले हैं? इसका स्तर वही है या बदला है? उसमें क्या विभिन्नता है? और क्या पीढ़ियाँ एक दूसरे को चुनौती देती हैं या नहीं?

इस कालपात्र 2008 में मैं आपका स्वागत करता हूँ जो अपना बहुमूल्य समय निकाल करके यहाँ आये और जिनके चिन्तन से हम संस्थान की संकल्पनाओं को आगे बढ़ा सकेंगे।

नामवर सिंह

संगोष्ठी के प्रथम सत्र के आदरणीय अध्यक्ष प्रोफेसर राजेन हर्षे, गोविन्द बल्लभ पन्त सामाजिक विज्ञान संस्थान के निदेशक प्रोफेसर प्रदीप भार्गव, सभागार में उपस्थित मेरे अनेक पूर्व परिचित सज्जन और इलाहाबाद के सम्मानीय साहित्यकार एवं बुद्धिजीवी मित्रों, युवा पीढ़ी के प्रतिनिधि युवकों एवं युवतियों। संस्थान में बद्री के माध्यम से मुझे एक लम्बे अरसे बाद एक बार फिर आने का मौका मिला जिसके लिए मैं हृदय से आभार प्रकट करता हूँ। एक जमाना था जब प्रोफेसर श्यामा चरण दुबे इसके अध्यक्ष थे और निदेशक थे प्रोफेसर एस. पी. नागेन्द्र, तब अक्सर यहाँ आना होता था। कई विचारोत्तेजक गोष्ठियाँ हुई थी। यहाँ प्रो. दुबे का नाम मैं इसलिए ले रहा हूँ क्योंकि हम लोग कई बार विनोद के लिए उन्हें एस. सी. दुबे कह कर बुलाते थे क्योंकि इंगलिश में उनका नाम यही होता था। वे एस. टी. के बारे में ज्यादा बात करते थे और कहते थे कि वे एस. सी. और एस. टी. दोनों हैं, ऐसा मैं इसलिए कह रहा हूँ क्योंकि जिन जनजातियों के बारे में बद्री की जो दृष्टि हैं उसके उस आयाम पर वो अधिकार के साथ कह सकते थे।

यह संस्थान इलाहाबाद विश्वविद्यालय का अभिन्न अंग है। यहाँ अनेकों पीढ़ियाँ ऋषि-मुनि से लेकर आधुनिक काल तक महानगरों की भीड़भाड़ से अलग होकर यहाँ चिन्तन, मनन, संवाद बहस करते रहे हैं। उन पुरानी यादों के साथ जब मैं यहाँ आता हूँ तो लगता है आधुनिक युग के नैमिशारण्य में विचर रहे हैं।

साहित्य का मूलतः विद्यार्थी होने के नाते साहित्य की दृष्टि से इस समय को देखने की क्षमता रखता हूँ और उसमें कोई बना-बनाया पूर्व निर्धारित विचार मेरे मन में नहीं है। इस विषय पर मैंने कुछ उधेड़बुन पैदा की, कुछ सवाल उठाये और आरम्भिक वक्ता के रूप में इन सवालों और उधेड़बुन के साथ मैं आपके सामने उपस्थित हूँ।

एक बात मुझे खटकी भले न हो पर अटकी जरूर है, वो यह कि पीढ़ियाँ आमने-सामने ही क्यों? पीढ़ियाँ अगल-बगल क्यों नहीं? अगल-बग़ल होकर भी मुड़-मुड़कर आप आमने-सामने हो सकते हैं। मैं ऐसा इसलिए कह रहा हूँ कि अपने

साहित्य में बहुत पुराना छोड़ दें तो आधुनिक युग के इतिहास का सिंहावलोकन करता हूँ तो शायद ही कोई ऐसा दौर हो जिसमें इकट्ठे तीन-2, चार-2 पीढ़ियाँ साथ-साथ काम न कर रही हों। 20वीं सदी के आरम्भ में देखें तो काशी में त्रिवेदी जी हिन्दी साहित्य के क्षेत्र की प्रतिभाओं के रूप में जाने जाते थे और उनके पहले भी उसी काशी नगरी में जहाँ जयशंकर प्रसाद लिख रहे थे वहाँ रत्नाकर भी ब्रज भाषा में लिख रहे थे। एक लम्बे समय तक तीन-तीन, चार-चार पीढ़ियाँ इकट्ठा काम कर रही थीं। साहित्य में कोई भी दौर ऐसा नहीं है जिसमें इकट्ठे पीढ़ियाँ काम न कर रही हों। आज के दौर में देखें तो चार नहीं तो कम-से-कम तीन पीढ़ियाँ तो इस सभागार में ही मौजूद हैं। एक पीढ़ी के अवशेष के रूप में मैं हूँ जो 80 के दौर से गुजर रही है।

कई लोग जुझारू हैं जो साथ मिलकर काम कर रहे हैं और कर चुके हैं। इस बीस सालों पर निगाह डाली जाये तो मैं स्पष्ट देखता हूँ कि यहाँ साठ, साठ के पार के लोग भी मौजूद हैं, चालीस के लोग भी मौजूद हैं इस सभागार में और बीस-पच्चीस के लोग भी मौजूद हैं। इसलिए एक अजीब-सा ताना-बाना हमारे साहित्य का और समाज का बन रहा है कि इकट्ठे एक परिवार की तरह, परिवार में बाबा-दादी भी होते हैं, माँ-बाप भी होते हैं, नाती-पोते भी होते हैं, और परिवार से लेकर पूरे साहित्य के इतिहास को देखें तो पीढ़ियाँ अगल-बगल धक्कम-धक्का करते हुए मुँहामुही करते हुए चलते हैं। अगर साहित्य की यह स्थिति है तो मैं नहीं समझता हूँ कि यह अन्य अनुशासनों में, इतिहास में, भूगोल में, विज्ञान में यह न हो।

सवाल यह है कि आमने-सामने ही पीढ़ियाँ हों यह आवश्यक तो नहीं? यह महाभारत नहीं है कि कौरवों और पांडव आमने-सामने हों, वैसे कहते हैं कि आमने-सामने होते हुए युद्ध विराम शाम को हो जाता था तो उसके बाद वे अगल-बगल होते थे, इसलिए साथ-साथ पीढ़ियाँ अभिशप्त हैं रहने के लिए, मैं कहना चाहता हूँ कि पहली बार समय का प्रश्न यहाँ नहीं उठाया गया। इन्दिरा गाँधी नेशनल सेन्टर फॉर आर्ट्स ने टाइम पर काफी कुछ छापा है। एक समय गैर मार्क्सवादी या प्रगतिशीलता के जो खिलाफ रहे थे, जो अपनी प्रयोगवादी और मुक्त चिन्तन वाली परम्परा के लिए जाने जाते थे, जिनमें अज्ञेय जी थे, उस तरह के विचारकों ने लगभग एक दशक तक, आज से 20 साल पहले तक समय पर चर्चा की थी और इस पर अनेक गोष्ठियाँ हुई थीं। उनमें विचार व्यक्त करने वालों में प्रोफेसर मैनेजर पाण्डेय भी थे। इन लोगों ने समय पर बहुत चर्चा की इसलिए इस सवाल का भी इतिहास है और उस इतिहास को अवश्य ही हम ध्यान रखेंगे।

मैं यहाँ उसी भूमिका, परम्परा का निर्वाह कर रहा हूँ जो महाभारत में मुझसे भी वृद्ध हो गये भीष्म पितामह ने किया था। युधिष्ठिर उनसे अनेक सवाल उठाते थे तो बूढ़ी आत्मा को बुलाने में यह होता है कि वो इतिहास याद दिला देते थे और

न दिलायें तो बुरे बनें। उस इतिहास ने एक ऐसा सवाल उठाया जिस पर मैंने बहुत व्यवस्थित विचार प्रस्तुत किया और वो विचार था—हम लोग यहाँ अक्सर कहते हैं कि ''हमारा समकालीन, हम लोग वैसे भी समकालीन हैं, मैं, राजेश जोशी, अजय तिवारी। क्या अर्थ है इसका? अज्ञेय ने इस पर सवाल उठाये हैं जिसको मैं यहाँ पढ़ देता हूँ—''वह मेरा समकालीन है, किस अर्थ में वो मेरा समकालीन है? क्या मेरी स्वानुभूति में वो मेरा साझेदार है। काल की जो अनुभूति मुझे हो रही है क्या उसे हो रही है? इसलिए अनुभूति में वो हमारा साझेदार है कि नहीं है? यदि नहीं है तो केवल आज की तारीख में होने के कारण वो मेरा समकालीन है?'' जगन्नाथ दास रत्नाकर क्या जयशंकर प्रसाद के समकालीन हैं? निजी तौर पर हैं। पर मुख्य प्रश्न है कि क्या अनुभूति के तौर पर थे? यहाँ देखें उन्होंने अनुभूति को ही साझेदार कहा है विचारधारा को नहीं। इसलिये क्या जो विचारधारा का साझेदार है वो ही हमारा समकालीन है? हमारी विचारधारा को नहीं मानता वो हमारा समकालीन है कि नहीं? अगर पार्लियामेन्ट में दो विरोधी दल एक जगह हैं वो समकालीन हैं तो साहित्य में दो विरोधी होते हुए समकालीन हो सकते हैं कि नहीं हो सकते हैं? समकालीनता की परिकल्पना में द्वन्द्ववादी गुंजाइश है कि नहीं? समानता ही एकमात्र आधार होगा समकालीनता का या द्वन्द्वात्मक सम्बन्ध भी समकालीनता का आधार हो सकते हैं? यह सवाल मार्क्सवादियों के सामने तो हैं ही गैर-मार्क्सवादियों के सामने भी हैं कि मार्क्सवाद मानें कि ना मानें।

आज जो नये अर्थद्वन्द्व की मार पड़ रही है उसमें कोई ज्यादा भोग रहा है कोई कम भोग रहा है। भोग तो सब रहे हैं, भोगने का ढंग अलग-अलग है। आप कनज्यूम करते हैं कनज्यूमर सोसाइटी के हैं तो ध्यान दें उपभोग करना, इस समय की सारी सुविधाओं का उपभोग करने वाले हम लोग मध्य वर्ग के लोग हैं।

क्या उपभोग भी सहभोगी है? सहभोगिता करने का मतलब केवल भोगना ही नहीं है, भोगना दो अर्थ में, रोग को भोगते हैं, भोजन को भी भोगते हैं। आप प्रश्न भी भोगते हैं, और अवसर भी भोगते हैं।

कई लोगों के बारे में सोचते हम देखते हैं कि रहते तो ये 21वीं शताब्दी में हैं लेकिन यह 21वीं शताब्दी में जीते नहीं हैं। अक्सर कुछ लोग नामालूम कहने के लिए ना कल्पना में कम से कम जो रामायण के युग में जी रहे हैं लेकिन वो समझते हैं कि वो उसी काल में जी रहे हैं। आपके लिए यह वर्तमान, वर्तमान हैं कि नहीं? कुछ लोग अतीत में वर्तमान को तलाशते हैं, उनके लिए अतीत ही उनका वर्तमान है और कुछ स्वप्नजीवी लोग हैं जो भविष्य में ही जीते हैं और अपने को बड़ा क्रान्तिकारी समझते हैं। इसलिए क्या उनका और मेरा एक वर्तमान है।

अभी तो हम समकालीन हो सकते हैं। क्या उसका भी अतीत और भविष्य का परिदृश्य और अनुभूति उसी बिन्दु से आगे बढ़ता है जिससे मेरा। और उतने

ही व्यास में फैलाव। यहाँ मैं कहना चाहता हूँ कि विषय आपका समय पर हो सकता है लेकिन अपनी परम्परा में देखता हूँ तो भारतीय परम्परा में परिदृश्य हैं। उसमें काल के साथ दिक् लगा होता है, टाइम विथ स्पेस। दिक् के बिना काल निर्गुण हो जायेगा।

"निर्गुण ब्रह्म सगुण हो जैसे" तो निर्गुण ब्रह्म सगुण होता है। तुलसीदास के लिए राम सगुण भी थे और निर्गुण भी। काल निर्गुण रह जायेगा अगर वो दिक् के साथ, स्पेस के साथ, स्थान के साथ नहीं जुड़ेगा। अगर हम नहीं जोड़ेंगे तो भारत का काल वो नहीं है जो अमेरिका का काल है। इसलिए 21वीं शताब्दी भारत की और है और अमेरिका की और सम्भव है कि आपका और हमारा वर्तमान एक हो। सम्भव है, जैसे सभी राजनैतिक पार्टियों का वर्तमान है कि अगला चुनाव होने को है। इन सबका वर्तमान एक है लेकिन क्या इनका भविष्य भी एक है? और क्या उनका अतीत भी एक है? इसलिए यह फर्क देखना पड़ेगा। हिन्दुत्ववादियों का अतीत वो नहीं है, कुछ लोग उनसे असहमत हैं। कुछ हैं जो मानते हैं कि उनके हिसाब से उस अतीत में कुछ लोग खलनायक हैं या नहीं हैं। केवल एक मजहब और जाति को मानने वाले लोग हैं बाकी लोगों के लिए उस अतीत में गुंजाइश नहीं है और भविष्य में वैसा ही भारत वो नहीं बनाना चाहते जैसा भारत कुछ और लोग बनाना चाहते हैं। इसलिए ध्यान रखें कि एक वर्तमान होना, वर्तमान में एक साथ होना और साथ ही साथ रहते हुए वो सारा का सारा वर्तमान सबका एक हो ऐसी स्थिति में समकालीनता का निर्णय लेना और समकालीनता के निर्णय में अनुभूति और विचार दोनों के महत्त्व के द्वारा निर्धारित होगा।

फैलाव कितना बड़ा और व्यापक है। एक जमाने में जब अपनी बात करते थे या कुटुंब की बात करते थे तो हमारे देश के लोग कहते थे कि 'वसुधैव कुटुम्बकम' लेकिन अब सब मायने बदल गये हैं, इसलिए मैंने कहा कि समय के साथ दिक् जरूरी है। यानी भविष्य की कल्पना करें तो ध्यान रखें आप किसके लिए कह रहे है। आज देखें तो गाँधी जी या रवीन्द्र नाथ जैसे जमाने के लोग थे, वे जब भी अपने लिए बात करते थे तो उन्हें लगता था कि जो मैं कह रहा हूँ वो सारे विश्व पर लागू होता है। नैतिकता का यह रूल मानते हैं कि जो आप अपने लिए सही मानते हैं, यदि दूसरे के लिए वो सही नहीं मानते तो आपके लिए वो सही नहीं है। इसलिये समकालीनता का प्रश्न मैं आपके लिए छोड़े जा रहा हूँ।

इकट्ठे तीन-2, चार-2 पीढ़ियाँ लिख रही हैं। भाषा अलग है। पुराने जो लिख रहे हैं उनके बाद और पीढ़ियाँ आ गयी हैं जो वो भाषा नहीं लिख रही हैं पर उनकी चिन्ता वही है, उनका मुहावरा वही है। कहानी या उपन्यास में आप देखें तो हर दस-दस, पन्द्रह-पन्द्रह साल पर जो आगे वाली पीढ़ी है वो अपनी उपस्थिति दर्ज करा रही है।

समकालीनता का एक प्रश्न है कि आपकी आत्मभाषा कैसी है? आप कौन-सी भाषा बोलते हैं? यहाँ भाषा से मतलब यदि आप हिन्दी बोलते हैं तो हिन्दी में कौन-सी हिन्दी? तो वो आपकी पहचान होती है आप जिस भाषा या शब्दों में उसको व्यक्त करते हैं। यह हिन्दी की शर्त है कि 'नव-नव उन्मेष' मतलब एक नयी भाषा देते हैं तब समझा जाता है कि आपने कुछ नया रच दिया, सृजन किया। इसलिए काल की परिकल्पना के साथ-साथ क्रियेटिविटी भी है और वो निर्णय करती है।

समकालीनता में तीन-चार पीढ़ियों के बीच हो सकता है कि चार तरह की भाषा लिखने वाले लोग भी समकालीन हों। कहने के लिए समकालीन है लेकिन उनकी भाषाएँ अलग-अलग हो सकती हैं। भाषा की खूबी होती है कि भाषा में बहुत बदलाव नहीं होता है। ठीक है हम तुलसीदास की भाषा नहीं लिख रहे हैं लेकिन निराला जब लिख रहे थे तो निराला की कविताओं में तुलसीदास भाषा के शिखर पर भी बोलते थे। इसलिए भाषा में एक ऐसा प्रवाह है जो छिन्न प्रवाह भी हो सकता है और अविच्छिन्न भी।

हमारे सामने सवाल है कौन हमारा समकालीन है कौन नहीं? इस पर आप विद्वान अपने विचार दें तो मैं लाभान्वित होऊँगा। दूसरी चीज मैं कहना चाहूँगा कि नयी पीढ़ी से कहना आसान लगता है लेकिन पीढ़ियों में टकराव होता है। लेकिन इस विरोध या टकराव से कुछ नया पैदा होता है। यह मल्ल युद्ध नहीं है, वैचारिक द्वन्द्व है और उस द्वन्द्व से कुछ रचा गया है या नहीं यह महत्त्वपूर्ण होता है। रवीन्द्र जब लिख रहे थे तो नयी पीढ़ी आ गयी थी और उन्होंने रवीन्द्र नाथ को चुनौती दी थी। इसका ज़िक्र उन्होंने अपनी बंगला कविता में किया है। काल के घात से वो ही मरेगा जो अटल रहना चाहता है, वो मरेगा काल के आघात से। काल छोड़ती नहीं है इसलिये समय को वहाँ प्रवाह के रूप में देखना चाहिए। उस प्रवाह में आप डूब जायेंगे अगर आप अटल बने रहेंगे। जो अटल होना चाहेगा वो ध्वस्त हो जायेगा जो सगुण होते हैं वो प्रवाह के साथ रहते-रहते उस किनारे पर निकल जाते हैं।

साहित्य में अगर कहीं कोई उदारता दिखे तो ये देखें कि वो उदारता है या आपको पैटरोनाइज करने की कोशिश है। मैं जानता हूँ कि नयी पीढ़ी बहुत समझदार है। अज्ञेय जी ने लिखा था, कि काल मुझसे होड़ कर रही है, मुठभेड़ नहीं। होड़ और मुठभेड़ में फर्क है। काल की ताकत, काल की गति और उसके साथ होड़ है हमारी। जैसे एक लम्बी दौड़ है जयशंकर प्रसाद की एक रचना है जिसमें कहा गया है कि काल का अपना कोई रस नहीं होता। हमारा जीवन ही उसका रस है। 'चढ़कर मेरे जीवन रथ पर,' सोचिये अगर मनुष्य न हो तो यह अमूर्त काल किसकी सवारी करेगा? किसके माध्यम से आगे बढ़ेगा? 'चढ़कर मेरे जीवन रथ पर, पैर चल रहा' यहाँ पैर से मतलब समय है। समय चल रहा अपने पथ पर। यहाँ रचनाकार कह रहा है कि काल तुझसे होड़ है मेरी।

काल को चुनौती के रूप में लेते रहे हैं इसलिए साहित्य में दो काल चलते हैं—कालदर्शी और कालजयी। बड़ा वही है जो काल को जीतता है। तुलसीदास को कहते हैं कि वो कालजयी है। जितने महा कवि हैं कालिदास, व्यास, कालजयी हैं, काल को उन्होंने जीता है, वे कालजयी इसलिए कहलाते हैं कि वो कालदर्शी थे। वे काल को देखते थे। काल अमूर्त चीज है उस अमूर्त चीज को भी उन्होंने देखा। इसलिए जो कालदर्शी होते हैं उन्होंने अपने काल को जिस तरह से भी देखा हो, सात परतें फाड़ करके जो असली काल की छवि थी, उसको उन्होंने देखा, सत्य को देखा इसलिए वो कालजयी हुए। जो केवल काल के चेहरे के पर्दे को देखते हैं वो कालजयी नहीं, कालक्षयी होते हैं। इसलिए, कबीर ने कहा था कि 'कहत कबीर, संत न सूरमा, काल निचोड़ के, अमृत पी ले' साहित्य का धर्म है काल को निचोड़कर के अमृत को पीना। जरूरी नहीं कि काल को निचोड़ने से अमृत ही निकले, जहर, विष भी निकल सकता है। सच्चा साहित्यकार अपने काल को निचोड़ता है और निचोड़कर के रस की वर्षा करता है। कुछ लोग रस का विवेचन दूसरे ढंग से करते हैं, मैं अलग ढंग से करता हूँ। पाँच-चार चीजें मिलाकर के जो निकलता है वो रस नहीं, जो निचोड़कर के सत्य होता है वो रस। वो ही सच्चा साहित्यकार और साहित्य के धर्म को जानने वाला होता है और इस नाते इतिहास से उसकी होड़ बनी रहती है। साहित्य में मौजूद अनेक धाराओं से होकर एक परम्परा चलती है और साहित्यकार उस परम्परा को रेखांकित करता है।

राजेन हर्षे

पीढ़ियों के बीच संघर्ष करा एक मुख्य कारण यह हो सकता है कि वरिष्ठ लोग यह सोचते हैं कि हमारे विचार ज्यादा प्रभावशाली हैं और इसे दूसरों को अपनाना चाहिए। सही मायनों में पीढ़ियों के बीच टकराव होना आवश्यक भी है क्योंकि इससे नये विचारों का जन्म होता है।

साहित्य की उत्पत्ति के पीछे भाषा का गहरा सम्बन्ध होता है। भाषा जीवन में और जीवन भाषा में होती है। एक ही समय में हमारे परसेप्शन भाषा के प्रति अलग होने की वजह से ही साहित्य में विविधता आती है।

दलित और दलित साहित्य की क्या परिभाषा है आपकी नजर में? जो विषय ज्यादा फैशनेबल हो जाता है उसे सही मानना किन मायनों में ठीक है? क्या वो दलित है जो एक जाति विशेष में पैदा होते हैं या उन्हें भी हम ये संज्ञा दे सकते हैं जो संसाधनविहीन है। कोई अपनी जाति का गलत इस्तेमाल करें उसे हम किस हद तक दलित कह सकते हैं हम क्यों नहीं अपने इस सोच के दायरे से बाहर निकलकर देखते।

अगर समाजवादी लोगों की बात करें तो उन्होंने समाज में कभी भी मेच्योरिटी नहीं दिखाई। ये हिन्दुस्तान की राजनीति में रहे और हमेशा नकारात्मक कार्यों को बढ़ावा दिया। लेकिन ऐसा नहीं है कि हमारे बीच सब ब्लैक एण्ड ह्वाइट है, इनके बीच में कुछ ग्रे शेड्स भी हैं।

हमने कुछ विषयों को फैशनेबुल बना दिया है और उन विषयों पर शोध के उद्देश्य से फोर्ड फाउण्डेशन ने फण्ड्स देकर कहा है कि अपनों को डिवाइड करो ताकि हमारा काम बन जाये। हमारे यहाँ जिसे तीसरे दर्जे का लिटरेचर (वाय आई एम नॉट एन हिन्दू) माना जाता है उसे हावर्ड में स्थान दिया गया है। हर जगह फैशन से स्टे नहीं किया जा सकता है। इस प्रकार की संगोष्ठी में सबको अपने विचार खुलकर रखने चाहिए क्योंकि यह एकेडमिक्स से रिलेटेड है और दूसरा कि जब तक हम खुलकर नहीं बोलेंगे तब तक कोई निष्कर्ष निकलकर नहीं आयेगा। जैसे-जैसे

साहित्य या उसकी भाषा आगे बढ़ती है वैसे-वैसे उसकी आलोचना भी बढ़ती है क्योंकि दोनों का आपस में गहरा सम्बन्ध होता है।

साहित्य में कुछ चीजें इन्टरनल होती हैं फार एन एक्जाम्पल शेक्सपियर की एक कविता है 'साल आई कम्पेयर मी टू समर डे' जिसमें उन्होंने एक दोस्त की तुलना समर डे से की है। अगर हम यूरोप (इंग्लैण्ड) में जायें तो वहाँ समर डे की अपनी खूबसूरती होती है लेकिन इसे अगर हम इण्डियन सन्दर्भ में देखें तो यह संज्ञा किसी को नीचा दिखाने के लिए मानी जायेगी।

किसी ने लिखा था—

कैन विजडम बी पुट इन अ सिल्वर रॉड
कैन लव बी पुट इन अ गोल्डन बाउल

यानी विवेक या प्यार का सिल्वर या गोल्डन बाउल से कोई रिलेशन नहीं है साहित्य में हर दुनिया के कुछ ऐसे विचार होते हैं जो निकालावादी सत्य के जैसे होते हैं। जो स्थल, दिशा, काल सभी के बाहर होते हैं और टाइमलेस होते हैं। तुलसी और शेक्सपियर के कुछ विचार ऐसे हैं जो टाइमलेस हैं। आज हमारे बीच भी कुछ मैकबेथ, हेमलेट होंगे महाभारत की भी कुछ कलाकृतियाँ हमारे भीतर मौजूद हैं इसलिए मेरे हिसाब से पीढ़ियों का खण्डन करना या उनको तोड़ना गलत है और मैं इसके लिए नामवर सिंह से इत्तेफाक रखता हूँ। मैं यहाँ यह कहना चाहता हूँ कि इतिहास को कालखण्ड में क्यों बाँटा जाता है और अगर विचारों को बाँटा जा रहा है तो इतिहास को भी पढ़ने की परम्परा हमारी क्वालिटी हो सकती है कि मॉडर्न पीरियड 1453 में क्यों हुआ क्या इसके पहले चीजें ऐसी नहीं थीं जो आज भी हैं। साहित्य में मेरा कोई अधिकार नहीं है। मैं समझता हूँ कि समय के साथ साहित्य की धारा बदल जाती है और जो समय के साथ नहीं बदलते वो खत्म हो जाते हैं।

मैं इलाहाबाद को बहुत महत्त्व देता हूँ लेकिन मैं ऐसा भी मानता हूँ कि हमारे भीतर जो भूत का भूत है उसे हटाना होगा और क्रिटीकली बदलना भी होगा। हम अपने को ऑक्सफोर्ड ऑफ ईस्ट मानते हैं। यह सब कुछ झूठ है क्योंकि इतने अच्छे हम कभी नहीं थे। हमें अपने को अच्छा मानने का कोई अधिकार नहीं है। यहाँ एकेडमिशियन्स की मानसिकता इतनी मीन थी जो आज भी है। मैं अन्त में अपने बारे में एक बात कहना चाहता हूँ कि 'मोडस्टी इज नेवर माई ड्राबैक' यहाँ पर मैंने जो कुछ भी कहा वो सब वो था, जो मेरे मन में आया था।

धन्यवाद

खण्ड-II

समय की सत्ता और साहित्य : समकालीन रचनात्मकता के सन्दर्भ में

विशेष व्याख्यान / सुधीर चन्द्र

उत्प्रेक व्याख्यान / अनामिका

मुख्यव्याख्यान / सारा राय

सुधीर चन्द्र

अशोक वाजपेयी जिनको यहाँ मेरी जगह बोलना था वो अनुपस्थित हैं। यहाँ जो कोई भी उन्हें जानता है उन्हें मालूम होगा कि उनके पास दिलचस्प किस्सों का भण्डार है। उनका एक किस्सा दिलचस्प है। भारत भ्रमण का उद्घाटन होने वाला था इन्दिरा गाँधी उसमें आने वाली थी और कार्यक्रम में पं. मंसूद का गायन था। उनके कार्यक्रम का समय डेढ़ घण्टा निर्धारित किया गया। बाद में अशोक जी को पता चला कि इन्दिरा जी के पास एक घण्टे समय है तो वे दौड़कर पंडित जी के पास गये और उन्हें इसके बारे में सूचित किया तब पंडित जी ने कहा मुझे कोई दिक्कत नहीं मैं तो एक घण्टे में भी गायन का कार्यक्रम पूरा कर सकता हूँ। अगले दिन पता चला कि इन्दिरा जी के पास इतना भी वक्त नहीं तो वे फिर दौड़े और पंडित जी से कहा अब तो लगता है कि हमारे पास आधे घण्टे का वक्त है तो पंडित जी ने कहा कि ठीक है मैं अपना कार्यक्रम इतने समय में पूरा कर लूँगा यहाँ मेरे सामने यह दिक्कत है कि मुझे मालूम नहीं कि मुझे कितनी देर बोलना है क्योंकि मुझे कार्ड भेजा गया और यहाँ मुझे कहा गया कि आपको 10 मिनट की चर्चा में भाग लेना है दोनों में काफी अन्तर है क्योंकि चर्चा में आपको अपना कुछ नहीं बोलना होता सिर्फ सुनी गयी बातों से क्या नतीजे निकलकर आ रहे हैं उसके बारे में बोलना होता है। यह सही है कि मुझे तीस साल का अनुभव है लेकिन सभी चीजों को मैं जरूरी तो नहीं कि आत्मसात कर सकूँ। अब आप मेरी दुश्वारी समझ गये होंगे।

साहित्य की समसामयिकता क्या है और किसे समसामयिक साहित्य कहते हैं। यहाँ पर इसकी और समय की बात करना चाहूँगा तथा समय और साहित्यकार का जो सम्बन्ध है उसकी बात करते हुए दो उदाहरण रखूँगा एक इन्तजार हुसैन और दूसरे ओम प्रकाश वाल्मीकि। यहाँ अपने समय की बात हो रही है चाहे वो साहित्य या साहित्य की विधाओं के सन्दर्भ में हो, अपना समय हमेशा इतना संश्लिष्ट होता या लगता है कि उसको समझ पाना असम्भव है। असम्भव किसी भी समय को समझ पाना है लेकिन अतीत को समझने के वक्त यह न समझ पाने का अहसास या तो उस शिद्दत के साथ नहीं होता जितना कि वर्तमान को समझने के सन्दर्भ

में होता है या आसानी से हम अपने को छलावा देते हैं कि हमने अतीत को समझ लिया है लेकिन वर्तमान को लेकर एक ब्लंड कामप्लेक्सीटी है जो हर वक्त ऑपरेट करती है। चूँकि हम उसमें फँसे होते हैं ऐसे जैसे अतीत में शायद नहीं फँसते। लेकिन अतीत को हम कहाँ से लेकर आते हैं। अतीत को भी उन्हीं साक्ष्यों के माध्यम से समझते हैं जो अपने समय में उस वर्तमान में उसी तरह से धँसे हुए हैं जिस तरह हम अपने वर्तमान में धँसे हुए हैं तो क्या कारण है कि हम यहाँ ज्यादा सफाई से चीजें समझ पा रहे हैं। वो सफाई जो कि हमें अपने समय के सन्दर्भ में उपलब्ध नहीं है। मेरे ख्याल से हमें इस बारे में विचार करना चाहिए और जितना कुछ मैंने कार्य किया साहित्य के आधार पर सामाजिक चेतना के आधार पर उसमें मुझे एक ही अन्तर्दृष्टि मिली और मेरे हिसाब से मेरा सारा जीवन उसी एक अन्तर्दृष्टि को समझने में बीत रहा है और यह अन्तर्दृष्टि बड़ी सिम्पल है। कोई भी स्थिति, विषय या क्षण हो जब हम समझते हैं कि हम जीवन समझ गये हैं, जब हम जानते हैं कि हमारा किसी विषय के प्रति या किसी व्यक्ति के प्रति रवैया क्या है? कहीं मन की और दिमाग की गहराई में उसी नजरिए से विपरीत कुछ और भी होता है उससे भी विपरीत जो हमारे रवैये का अभिन्न अंग होता है लेकिन हम उसको समझ नहीं पाते? हमारी-जो चेतना बनती है वो व्यक्त चेतना या जातीय अथवा सामूहिक चेतना हो, तो वह सामूहिक चेतना और व्यक्त चेतना के कन्ट्राडिक्शन का पुंज होती है और तरह-तरह से ये परिलक्षित होते हैं। यहाँ आप किन्हीं दो, तीन रचनाकारों की रचनाएँ लेंगे तो उसमें आपको कन्ट्राडिक्शन दिखाई देगा लेकिन कभी ऐसा भी होता है कि किसी भी व्यक्ति की एक ही रचना में एक परस्पर विरोधी चेतना आपको दिखाई पड़ेगी। ये एक सूत्र के रूप में जो कुछ मैं कह रहा हूँ उसे विस्तार से कहने की जरूरत है लेकिन मैं उस स्थिति में नहीं हूँ कि उसे विस्तार से कह सकूँ। मैं एक कहानी के माध्यम से अपनी बात रखना चाहूँगा और वो है एक बिल्ली की जिसे इन्तजार हुसैन ने लिखा है जो कि एक प्रख्यात कहानीकार हैं। न सिर्फ पाकिस्तान बल्कि हिन्दुस्तान में भी उनका काफी नाम है। इन्तजार हुसैन 1947 में पाकिस्तान चले गये थे। वहाँ उन्हें महसूस हुआ कि हिन्दुस्तान तो पीछे छूट गया है। जब किसी कारणवश वह हिन्दुस्तान नहीं आ पाते तो वो कहते थे कि कोई दिन ऐसा नहीं बीतता जब वो हिन्दुस्तान को सपने में न देखते हों। इन्तजार हुसैन की जो विरासत है या परम्परा है वो असल में 5000 वर्ष की पाकिस्तान की विरासत है। हम अक्सर कहते हैं कि 5000 इयर्स ऑफ पाकिस्तान का क्या मतलब है? तब हमारे दिमाग में यह सवाल नहीं आता कि 5000 इयर्स ऑफ इण्डिया का क्या मतलब है। अगर सिर्फ नेशन से उसकी परम्परा बनती है तो आप जानते हैं कि इण्डियन नेशन कितने साल का है। पाकिस्तान में जब दूसरा गुट उभरता है जो मो. बिन कासिम से लेकर आज तक पाकिस्तान की विरासत ट्रेस करता तो हम कहते हैं कि यह देखो? लेकिन

यह सब एक बड़ा मसला है। इन्तजार हुसैन उस समय के व्यक्ति हैं जो किसी भी प्रकार की धर्मान्धता से परे हैं। उनके अनुसार हिन्दुस्तान उनका उतना ही है जितना कि पाकिस्तान, लेकिन उन्होंने पाकिस्तान में रहने का फैसला किया। पाकिस्तान के बारे में वे कहते थे कि जो पाकिस्तान की बात करते हैं वो ये क्यों सोचते हैं कि पाकिस्तान के बनने में सिर्फ हिंसा और खूनखराबा ही दिखाई पड़ता है, उनको यह क्यों नहीं समझ में आता कि पाकिस्तान का बनना एक हिजरत है और जब मुसलमान जनरेशन पिट जाती है मुसलमानों की तो किसी एक जनरेशन को यह मौका मिलता है कि वो हिजरत कर सके। हम खुशनसीब हैं कि हम हिजरत कर रहे हैं क्योंकि पाकिस्तान का बनना कोई आम बात नहीं है।

इन्तजार हुसैन की यह कहानी शुरू होती है अविभाजित हिन्दुस्तान के एक कस्बे से जब हिन्दू तथा मुसलमानों में तनातनी नहीं थी। इनकी कहानी में एक पहलवान था पिछवा जो हमेशा आगे रहता था जब हिन्दू लोग हमला करते थे। उसे खबर हुई कि पाक़िस्तान बन गया है तो उसने यह सोचा कि मैं यहाँ क्या कर रहा हूँ। हमको भी पाकिस्तान में झण्डा फहराना चाहिए। उसके विचार से मुसलमानों की जगह पाकिस्तान में होनी चाहिए। पीपल के पेड़ पर उसने पाकिस्तान का झण्डा फहरा दिया। अब आप यह समझ सकते हैं कि 15 अगस्त, 1947 के आसपास इस तरह का कार्य करने वाले का क्या हश्र हुआ होगा।

अनामिका

"काल के निस्सीम जल में
साँस की छोटी लहर
गुनगुनाती जा रही है!"

पिता जी हर रात सोने के पहले अपने जो गीत सुनाते हुए मुझे थपकियाँ देते थे—उनसे ही बिम्ब उठाऊँ तो सहसा ही कई प्रश्नों से घिर जाती हूँ : अब जैसे इसी गीत के आशय सोचिए—साँस की छोटी लहर लगातार आगे बढ़ती है क्या? एक साँस बाहर आती है तो दूसरी उलटे पाँव लौट भी आती है—लौट आओ धार की गुहारें लगाता है, कोई हरदम वह नन्ही-सी साँस गुनगुना नहीं पाती, कई बार हक्की-बक्की-सी रह जाती है जैसे कि हमारी और हमारे बाद की पीढ़ियाँ।

हमारी पीढ़ी सोवियत संघ के विघटन के तुरन्त बाद की पीढ़ी थी। "जाओ वहाँ न जाने कहाँ / लाओ उसे न जाने किसे" का भयावह एहसास हमारे यहाँ तीक्ष्ण आत्ममंथन के रूप में तारी हुआ! विस्थापन इस युग का सबसे बड़ा सच था।

आज भी आस-पास सब जगह आँखें दौड़ा लें—कोई भी वहाँ नहीं रहता जहाँ का वह है और सिर्फ वही नहीं करता जो वह करता है यानी कि नौकरी और गृहस्थी के सिवा भी कई ऐसे काम हैं जो वह करता है—कई पालियों में और शौकिया। किसी अर्थ में विस्थापित कमलेश्वर, मोहन राकेश, त्रिलोचन, नागार्जुन, अज्ञेय, निर्मल वर्मा और दूसरे यायावर भी थे लेकिन गृहस्थी और नौकरी करते हुए एक साधारण, अति साधारण गृहस्थ का जीवन जैसे हमारी पीढ़ी के लेखकों ने जीया, उससे उनके साहित्य को 'साधारण' की अपार 'धारण' क्षमता मिल गयी, चाय-ढाबों और पान-गुमटियों की धुर खुरदुरी भाषा—कन्धे पर हाथ रखकर दुख-सुख बतियाने वाली प्रजातांत्रिक भाषा जिसमें कहीं से कोई वैशिष्ट्य बोध नहीं टपकता था, 'न होलियर दैन दाऊ' (मैं तुमसे कितना अच्छा, कितना अच्छा!) वाला नकचढ़ापन!

एक बात और! हमसे पहले की पीढ़ी ने तिकड़ियाँ बनाई थी या छोटे गुट बनाए थे क्योंकि वह गुरिल्ला युद्धपद्धति की जोर-आजमाइश का जमाना था। हमारी पीढ़ी

तक आते-आते सब बड़े सिद्धान्त चरमरा गये थे और यह लगने लगा था कि अब तो भाई, अच्छा/छी नागरिक, अच्छा पिता, अच्छी माँ, अच्छा भाई, अच्छी बहन, अच्छा पति-प्रेमी/अच्छी पत्नी-प्रेमिका, अच्छी/छा पड़ोसी, अच्छी/छा कर्मचारी बनकर दिन गुजारने में ही भलाई है। बड़े फलक पर तो परिवर्तन होने से रहे, आन्तरिक परिवर्तन ही घटित हो जायें तो बहुत है! इसलिए अस्मिता-आन्दोलन परवान चढ़े जो मैक्रो पर माइक्रो की प्रतिष्ठा थी और 'अस्मि' के वैयक्तिक जीवन में / अन्तर्वैचारिक सम्बन्धों के प्रजातांत्रिक गौरव की रक्षा का संकल्प भी!

कहने को कह सकते हैं कि हम परसाई के 'बेचारा भला आदमी' थे! हमारा आन्दोलन मनोवैज्ञानिक लड़ाइयों का मौन सिलसिला बनकर यों भी रह गया कि हम कम्प्यूटर और मोबाइल युग में युवा हुए जो हमें घरघुस्सू तो बनाता ही है—लम्बी चिट्ठियाँ लिखने या कहीं एकत्र होकर देर तलक बड़ी योजनाएँ बनाने और उन्हें अमल में लाने का अवकाश नहीं देता!

हम एक संघ के रूप में इसलिए भी उभर नहीं पाये कि हम सब इधर-उधर छिटका गये और हममें से अधिकांश ने नौ से पाँच की नौकरियाँ की और गृहस्थी की गाड़ी भी खींचते चले। हमारे समय तक इतना तो स्पष्ट हो ही चला था कि यदि घर एक रणभूमि भी है तो रणभूमि को पीठ क्या दिखाना!

हम एहसास के धरातल पर तो साथ, बेशक रहे पर मिलना-जुलना, बैठना-बतियाना कम हो पाया—इलाहाबाद में बद्री, कोलकाता में एकान्त, मध्य प्रदेश में अम्बुज, स्वप्निल, आशुतोष, दुबे, मंजरी दुबे, नीलेश, दिल्ली में बिमल कुमार, सविता सिंह, संजय कुंदन, मधु शर्मा, मुम्बई में बोधिसत्व, वीरेन्द्र, पटना में अनिमेष, शहंशाह, लखनऊ में अखिलेश, रजनी, गगन गिल और देवी प्रसाद मित्र ने कुछ-कुछ दिन नौकरी की। कात्यायनी पुस्तक प्रकाशन और विक्रय से जुड़ी, निर्मल पुत्तुल भी कहीं किसी समाज सेवी संस्था में नौकरी करती हैं। पुरानी पीढ़ी की होलटाइमरी और उससे जुड़ा वैशिष्ट्य बोध नौकरी-चाकरी न करने वाली अलका सरावगी, जया जादवानी, मधु कांकरिया, निर्मला मुकाड़िया, निर्मला गर्ग आदि होलटाइम लेखकों पर उस तरह हावी नहीं रहा जिस तरह पुरानी पीढ़ी के लेखकों पर। यह भी प्रजातांत्रीकरण की जटिल प्रक्रिया थी जहाँ कवि / लेखक आकाश से टपका कोई विशिष्ट प्राणी न था। किराए के घरों या सब-लेट फ्लैटों में रहता था और हींग-हल्दी जोड़कर किसी तरह अपना परिवार चलाता था। सम्पन्न व्यापारी परिवांरों से जुड़ी औरतों की एक कतार सामने आयी तो सही, पर इनकी आस्था भी किसी तरह के वैशिष्ट्यवाद और राजपथों में न होकर बाइपासों और गलियों के यथार्थ में थी या फिर 'दूर गगन के लाल सितारों, 'ऑब्जेक्शन मीलार्ड' और 'अन्दर के पानियों में'।

भारत का साधारण नागरिक भी लेखकीय दायित्व से स्पंदित रह सकता है, एक प्रतिसंवाद रच सकता है अपनी रचना में रात-रात भर जगकर, अलसुबह जगकर रची

गयी रचना में वर्तमान का सबल क्रिटीक कर सकता है—इसका प्रतिमान नवें दशक में उभरी हमारी पीढ़ी रख ही गयी थी, इक्कीसवीं सदी में उभरी नीलाक्षी, कविता, वन्दना, पंखुरी, चंदन, अनुज, उमाशंकर चौधरी, प्रजापति, अविनाश, हरे प्रकाश आदि की पीढ़ी भी अपने अलग तेवर में इसको एक प्रकार विडम्बना बोध के साथ आगे लिए जा रही है, इसका आत्मविश्वास हमारी पीढ़ी से ज्यादा है और यह शुभ तत्त्व है पर समस्याएँ इनकी भी वही हैं जो हमारी थी—प्रथम पीढ़ी विस्थापितों वाली।

एक तो विस्थापन समकालीन साहित्य का सबसे बड़ा सच है—चाहे वह अग्निशेखर-क्षमा का राजनीतिक विस्थापन हो, गुजरात के दंगों के बाद का भयाक्रान्त मुस्लिम विस्थापन या भूमण्डलीकरण के बाद का कृषक-श्रमिक-स्त्री- विस्थापन और जहाँ केन्द्रीय सत्य ही विस्थापन हो, उस साहित्य का काल-बोध उसके स्थान-बोध से पृथक रह भी कैसे सकता है?

एक विस्थापन के खातिर वह स्थानीय बोली ही सबसे बड़ा सच है, सर के ऊपर की एकमात्र छत! चूँकि इसे बोलने वाले परदेस में जल्दी मिलते नहीं, साहित्य में स्थानीय बोलियों की छटा भरपूर दिखाई देती है। स्थानीय बोलियों से होली खेलती-सी दिखती है हमारी हिन्दी! गठरी में बँधे हुए कहाँ-कहाँ के शब्द सन्दर्भ साथ चले आते हैं, वैयक्तिक और जातीय स्मृतियाँ चौपड़ का पाँसा बन जाती हैं!

अलग-अलग हाशिया बन्द समूहों में काल और स्थान बोध गले-गले मिल लेटे गोइयाँ की भाँति आपस में क्या-क्या बतियाते हैं। यह विशद गवेषणा का विषय है। फिलहाल तो हम एक खाका ही खींच सकते हैं कि स्त्रियों-दलितों-आदिवासियों और अन्य विस्थापितों के यहाँ काल की सत्ता को चुनौती मिली है तो कैसे अपनी राजगद्दी से उतारकर काल देवता चटाई पर लिटाए गये हैं तो क्यों!

स्त्री साहित्य में काल

संसार का आदिविस्थापित तो स्त्रियाँ ही हैं। स्त्री-साहित्य में (लोक साहित्य और लिखित साहित्य—दोनों में) काल और स्थान दोनों की जड़ताएँ तोड़ देने वाला प्राईम मूवर वैयक्तिक स्मृतियाँ हैं या फिर जातीय स्मृतियाँ! काग-राग, नदी-नहर, चिरई-चुनमुन, बादल-बिजली, आसपास के जड़-जंगल ये जो भी गतिमान और चेतन दिखाई देता है—खूँटे से बँधी हुई स्त्री लोक साहित्य में उससे अपनी स्मृतियाँ साझा करती हैं और अपने दुख-सुख बाँटती हैं। ऐसा करते हुए आसन्न दुख इक्खट-दुक्खट के घेरे की तरह लाँघकर दूरस्थ स्वप्न या अतीतस्थ स्मृतियों में एक ठाँव गढ़ ली जाती है। अब इसे ट्रांसेन्ड्स कहें या पलायन, लेकिन वर्तमान पर कम-कम ठहरा जाता है, उसकी विसंगतियों पर एक हल्का इशारा और बस!

स्त्री-शिक्षा हमारे यहाँ देर से आयी। स्त्रियों ने शुरू-शुरू में कलम थामी भी तो ऐसे जैसे सुई धागा हो। वर्तमान के विवरण बेल-बूटों की तरह काढ़ने का चलन पहले

कथा-साहित्य में, फिर नाटक और कविता में भी भरपूर दिखने लगा! यह एक तरह की भरपाई थी। "मैं चुप रहूँगी सिण्ड्रोम का प्रतिपक्ष कि जो कहूँगी, सच कहूँगी और कुछ ऐसे मार्मिक और विशद विवरणों के साथ कि पढ़ने वाले की आँखें पहले तो खुलें, फिर सहज ही झुक जाये इस एहसास के साथ कि जाने-अनजाने हम यह क्या किये जा रहे थे। पितृसत्ता तो स्त्री-पुरुष में भेड़-भेड़िया का रिश्ता कायम करना सिखाती थी, भेड़ बने या भेड़िया—मानवीय गरिमा से तो दोनों गिरेंगे! ईसा ने कहा था—हे ईश्वर, इन्हें माफ करना कि ये नहीं जानते कि ये क्या कर रहे हैं।" समय आ गया है कि निर्दोषों को सूली चढ़ाने वाले जान जायें कि वे क्या कर रहे हैं और उन्हें यह बताने का काम ईसा मसीह ने औरतों पर ही छोड़ा है क्योंकि वे आज तक उनके ही कहे पर चली जा रही हैं। विश्व भर के आन्दोलनों में स्त्री आन्दोलन ही एक ऐसा आन्दोलन है जिसने एक बूँद रक्तपात नहीं किया, न हिंसा की। हिंसा वे क्यों करेंगी, किस पर करेंगी? उन पर जो उनके ही पैदा किये हैं, और जो उनके पैदा नहीं भी किये—एक खास तरह की नैतिकता के गर्भ में किसी-न-किसी स्त्री ने ही उन्हें पाला है। आँख मूँदकर सोचने बैठें तो कोई-न-कोई बहन, कोई भाभी, कोई चाची, कोई मौसी, कोई बुआ, कोई स्त्री-शिक्षक, कोई स्त्री मित्र, कोई बाल-सखा—जीवन के सबसे स्निग्ध और सार्थक क्षण स्त्री छाया में ही गुजरे हैं और ये सर्वविदित है कि नैतिकता का सूक्ष्म पाठ ऐसे चुनिन्दा क्षण ही पढ़ाया करते हैं हमको। इस तरह पुरुषों के नैतिक अवमूल्यन को स्त्रियाँ वैयक्तिक/पितृसत्ता विफलता भी मानती हैं और ये भी मानती है कि बिगाड़े हुए हैं इतने बुरे भी नहीं कि सुधार के बाहर हो।

समाज में व्याप्त पदानुक्रम माइक्रो स्तर पर परिवार में व्याप्त पदानुक्रम हो जाता है। और किसी भी तरह का पदानुक्रम चूँकि प्रजातांत्रिक वैभव के विपरीत है सबसे पहला पदानुक्रम स्त्री लेखन ने तोड़ा है। 'पर्सनल' और 'पॉलिटिकल', 'प्राइवेट' और 'पब्लिक', कॉस्मिक और 'कॉमनप्लेस', 'गँवई' और शहराती, आत्मनिष्ठ और वस्तुनिष्ठ, रोमाण्टिक और क्लासिकल स्थान-बोध और काल-बोध के बीच। कई स्त्रीवादी रचनाएँ शुरू होती हैं युद्ध दंगे, बँटवारे, विस्थापन के किसी गम्भीर प्रसंग से, फिर टेलिस्कोपन तकनीक से मैक्रो और माइक्रो अनन्त और क्षणिक का पदानुक्रम खचाक तोड़ डाला जाता है। बड़े फलक से फोकस सिमटता हुआ आता है अन्तर्वैयक्तिक ऊहापोह या आपस के संवादों पर और आपसदारी ही तब दुनिया का सबसे बड़ा सम्बल बनकर उभरती है दुनिया का एकमात्र पवित्र स्पेस जिसका उत्स हमारे यहाँ की इस प्रसिद्ध कहावत में भी ढूँढ़ा जा सकता है कि चोर भी दस घर छोड़कर चोरी करता है।

दूसरी महत्त्वपूर्ण बात यह कि रोटियों की तरह स्त्रियाँ काल को गोल बेलती है, लम्बवत् का नहीं यानी समय की गति उनके यहाँ चक्रीय होती है, रैखिक नहीं!

लोककथा की चुड़ैलों की तरह काल उल्टे पाँव चलता है। दूसरे शब्दों में कहें तो लोककथाओं का भूत या अतीत उसकी ही रूढ़ पदावली में अपने वर्तमान से कहता है—"घूर तक, घूर ताके (घूमकर देखों तो एक नजर और खैनी-चूना दे दो!) खाना नहीं माँगता, पानी नहीं माँगता, माँगता है तो बस खैनी-खैनी जो दोस्तों के साथ ठोकी जाती है, मुँह चुनियाकर फाँकी जाती है, एक हल्का-सा सुरूर कायम रखती है जिसमें काल और स्थान—दोनों की सीमाएँ धुँधली पड़ जाती है, दोनों के बन्धन के पार उड़ जाता है आदमी! जादुई यथार्थ का कायल, साइक्लिक टाईम का कायल चक्रवत परिवर्तित सुखानि च दुखानि च! कैसे भी जिसके हाथ-पाँव बँधे होते हैं, उसका मन पंख पहन ही लेता है : मिथकीय प्रतीकों, जातीय बिम्बों से एक उड़नखटोला-सा लेकर लाँघ जाता है काल और स्थान की सारी सीमाएँ। अस्मिता के असर्शन और अनाचार के सब्वर्शन की एक प्रिय तकनीक है फ्लैशबैक और स्थान विषर्यथ जैसा कि जादुई यथार्थवाद में होता है। स्त्री साहित्य में इसका उपयोग प्रचुर होना बिल्कुल स्वाभाविक है। साधारण और असाधारण, वर्तमान और अवर्तमान के बीच की यह क्षिप्त फोकल, क्षिप्त स्त्री साहित्य में ऐसी लगती है जैसे सर्चलाइट लेकर कोई घूमता हुआ निकला हो।

पर दलितों का काल भूत-भगावन मन्त्र के साथ उच्चारण का ताना-बाना-सा रचता है। गाँव उनके लिए उतना ही बड़ा नारकीय सच था जितना अतीत। गाँव छोड़कर शहर की ओर बीता कल झाड़-झूड़कर आने वाले कल में एक ऊर्ध्वबाहु-सा प्रवेश—सपना तो यह है पर थोड़ा-सा थेराप्यूटिक रिलीज, थोड़ा रेचन भी जरूरी है। तो आत्मकथाएँ हों या आख्यान, कविता या गपशप—थोड़ी-सी मिर्ची का धूकन, थोड़ी-सी झाड़ कुछ तो हिसाब बराबर हो। ठीक है कि एक दमनचक्र का जवाब दूसरा दमनचक्र नहीं होना चाहिए, ठीक है न्याय से बड़ी होती है करुणा पर वृद्ध भी बुद्ध अजगर से इतना तो बोले कि हिंसा निषिद्ध है, लेकिन फुफकार नहीं। फुफकारना छोड़ा तो ही यह दिक्कत हुई—इतने सारे रोड़े झेलने पड़े दलित कवि केतन बिहारी लाल हरित की यह कविता जैसे काल को ही चुनौती देती कहती है—

करके खुदी को दूर खुद मजबूत बनके देख!
दो चार दिन के वास्ते अछूत बनके देख
सिर पर जरा रख टोकरा मैले का टपकता
गन्दगी में बढ़ जरा मलमूत्र बनके देख!

सफाई तो एक रूपक भी है : कोई है जो साफ कर जाता है तो छड़ी घुमाते हुए चलने को सड़क साफ मिलती है। एक योगी ने कहा था—गुरु धोबी सिख कायरा, साबुन सिरजनहार!

एक आदिवासी (संथान) कथा के अनुसार धरम और करम दोनों जुड़वा भाई

थे। एक दिन धरम ने करम को बहुत खरी-खोटी सुनाई और धरम से करम रूठ गया। उसने उसका घर ही छोड़ दिया। और धरम का क्षय शुरू हो गया तब से वह बिल्कुल अकेला पड़ गया क्योंकि उसके सारे काम करम ही सँभालता था। तब से लगातार धरम यही कोशिश में था कि करम तो मना ले पर करम ने अपने मजबूत हाथों से अपनी दुनिया अलग ही बसा ली है।

करम का संसार दरअसल मैटेरियल टाइम का स्पेस है जहाँ सदियों से अनाहत सभी कामगार अपना एक प्रतिसंसार गढ़ रहे हैं—ईडेन से निष्कासित आदम हव्वा की तरह! रूमानी यूटोपिया का यह एक सबल प्रतिपक्ष है। उत्तर आधुनिकता रोमैन्स ऑफ दी मारजिनलाइज्ड कहला तो सकती है पर उसका रूमान रूसो और वर्ड्सवर्थ के प्रसाद, पंत और महादेवी के रूमान से अलग है जहाँ प्रकृति की मेटोटेम्पोरैरिटी टेढ़े-मेढ़े, लोल-बकलोल, आँके-बाँके रोजमर्रा के जीवन के घर न्योती जाती है—एक लोटा मट्ठा गुड़ के लिए। एक महीन-सी 'अदरिंग' का एहसास कितना करेगा, सेल्फ की सरहद कितनी बढ़ेगी, 'सालिच्यूड' कैसे 'ऑल इन्क्लूसिव' हो पायेगा अंग्रेजी का जो मुहावरा है ऑल एलोन वस्तु जगत में कितना सार्थक होगा यह कौन कहे।

रश्मिरथियों का समय है यह! सुनते तो आये थे कि घूरे के दिन भी फिरते हैं, पर सुनना और देखना एक नहीं है। साहित्य जो हाशिए पर नहीं है तो इस कारण भी कि उसने हाशिए से ताकत ली है।

काल के बन्दी हम सब हैं और काल ही मुक्ति का कारक है। बन्धन ही मुक्ति का कारक? वह इस तरह कि मुक्ति का एक अर्थ 'सैल्वेशन' या मोक्ष तब है तो दूसरा अर्थ लिबरेशन मुक्ति 'मुक्ति?' पर किससे? पूर्वाग्रहों—दुराग्रहों से? अपमान से, जहालत से, भूख से, आतंक से, और विषमता से, अध्मन्यता से भी! अस्मि माने मैं हूँ, किन्तु मैं एक तो नहीं। माइक्रो 'मैं' क्या कहता है वृहत्तर मैं से एक वाक्य मैं कहूँ तो अपना यह समकालीन साहित्य इसका ही आकलन है और जनजीवन में इसकी छवि घर के विवेकी बुजुर्ग वाली है—भले ही उसके साथ सुबह-शाम हम देर तक बतिया न सकें पर घर के किसी कोने में उसका हुक्का गुड़गुड़ाए जाना सुहावना-सा लगता है। अकारण नहीं है कि समकालीन साहित्य में महिमामय वृद्धों का वर्चस्व है—दूधनाथ सिंह के आखिरी कलाम, मार्कण्डेय के 'गुलकी के बब्बा' काशीनाथ सिंह के 'रेहन पर रघु' से लेकर चित्रा मुद्गल के 'गिदालू' और मैत्रेयी पुष्पा की 'खेरापातिन दादी' दूसरी 'आइयों ताइयों' तक। अधवैसे और वृद्ध पुरधायते भी धड़ल्ले से कविता, कहानी, नाटक और अन्य आख्याकों की तेजोमय वाचिकाएँ हो रही हैं—रीतिकालीन वाचिका, विमर्श को यह एक सजग चुनौती तो है ही, सोचकर देखिए तो यह वृद्ध या वृद्धा वर्चस्व साहित्य के कन्फ्यूशियस तत्त्व में भी हमारी आस्था व्यक्त करता है।

पश्चिमी समाज के पास आधुनिकता का कारक मॉडल था और काल की बस एक अवधारणा थी। हमारे यहाँ ऐसा नहीं है वह हमारी शक्ति है और बहुतेरी गडमड का कारण भी! चौराहे के ट्रैफिक जाम में बैलगाड़ी से मोटरगाड़ी के अन्तिम मॉडल तक फँसे पड़े हैं। हिन्दी प्रदेश के प्रायः हर घर में और खुद हिन्दी परिवार में आधुनिकता मॉडल और परम्परा पोषण के 'सारि-सारि को गहि लियो' वाले मॉडल की कई पीढ़ियाँ एक साथ साँस ले रही हैं।

इसकी आधुनिकतम पीढ़ी भूमण्डलीकरण के तुरन्त बाद की पीढ़ी है जहाँ दिक्काल इन्टरनेट की और मोबाइल की एक चुटपुट में वैसे ही अन्तर्मुक्त है जैसे बिन्दु में नाद, शब्द में ब्रह्म, माइक्रो में मैक्रो, पॉलिटिकल में पर्सनल। विस्थापन के कन्धे लदा हुआ आतंक और अधिक गहरा गया है। हायर एण्ड फायर की अनिश्चितताएँ सम्बन्धों पर भी हावी है, भीतरी-बाहरी पर्यावरण पर भी घरेलू आतंक के समानान्तर, राजनीतिक आतंक गहरा रहा है और इससे बड़ी विडम्बना क्या होगी कि संस्कृति खुद एक बम हो गयी, सूचना एक बम ही है तभी तो उसके आगे विस्फोट जुड़ता है–सूचना-विस्फोट।

जिस हरी घास पर क्षण भर बैठने का संकल्प कभी चित्त में झिलमिलाता था, वह घास भी ग्लोबल वार्मिंग में सूख-सी गयी है। वह रूपकात्मक बनारस जो आधा जल में था, आधा थल में, आधा था, बाधा नहीं था–एक टाँग पर अब तो खड़ा है जरूर मगर काशी के अस्सी का रंग बदल तो गया ही है, अब वह अस्सी का काशी नहीं रहा। भिखारियों के कटोरे का निचाट अकेलापन स्वर्णाभ हो चुका है, उसकी गिल्लट पर सोने का पानी चढ़ा दिया है आई. एम. एफ. ने उस पर पानी का क्या जो लगातार उतर रहा है–माइक्रो समय क्या है? सिर्फ एक मनोवैज्ञानिक सत्य और तकनीक इम्परेटिव नहीं जिसका सम्बन्ध सिर्फ प्रोडक्शन से होता है या री-प्रोडक्शन से, दोनों तरह के लेबर से घड़ी की टिकटिक या कैलेण्डर–डायरी चक्र से, वह अस्तित्वगत इम्परेटिव भी है। समकालीन साहित्य दुनिया के दो मूल दुःखों के रूप में भूख के रूप में अपमान की स्थापना करता है और वर्ग पूर्वाग्रहों के समान्तर वर्ण, नस्ल, लिंग और धर्मगत पूर्वाग्रहों का रेखांकन। ऐसा वह इस महीन एहसास के साथ करता है कि सच किसी एक जेब में तहाकर रखा रूमाल नहीं है। काल के भाल का पसीना जो आसानी से सोख ले। जैसे किसी नृत्य में हमारी मुद्राओं के बीच कोई एक ठाह होती है, एक स्टीलनैस ही जीवन में भी। उससे ही गपशप करता है अपना यह साहित्य सामने वाले कन्धे पर हाथ धरे, रोजमर्रे की भाषा में।

साहित्य काल की लीलाभूमि है और युद्धभूमि भी। युद्धभूमि भी लीलाभूमि हो सकती है–इसका एक ज्वलन्त रूपक 'महाभारत' है–भारतीय भाषाओं की 13,375 साहित्यिक कृतियाँ इसी एक 'महाभारत' से फूटी है और अस्मिता विमर्श पर केन्द्रित

समकालीन साहित्य को भी मनोवृत्तियों का एक महाभारत (साइकोलॉजिकल वारफेयर) मान सकते हैं।

दुनिया के सब शास्त्र अपने निष्कर्ष आस-पास बिखरे जीवन से ही उकेरते हैं, पर कोई तो बात होगी कि अखबार बासी पड़ जाते हैं, साहित्य बासी नहीं पड़ता। इतिहास फिर से लिखे जाने की जरूरत पड़ जाती है, किन्तु साहित्य अन्तर्पाठीय उड़ानों के हर सम्भव स्कोप के बाद भी एक बड़े हद तक अक्षुण्ण रहता है। दर्शन भी फीके पड़ जाते हैं, ज्ञान-विज्ञान, समाजशास्त्र—सबके सिद्धान्तों में आमूल ही चूल परिवर्तन होते हैं लेकिन साहित्य खाला का ऐसा घर है जो चाहे जितना भी नया-पुराना हो अपनी ओर खींचता है जरूर।

तो आखिर काल को कौन-सी पट्टी पढ़ा रखी है इसने कि अपने अमरफल का एक कट्टा वह, उससे साझा करता है—ठीक वैसे ही जैसे राजा भर्तृहरि ने अपना अमृतफल रानी से साझा करना चाहा था। काल से उसका रिश्ता अनूठा तो है ही काल का होकर भी काल के पार हो जाना, 'काल' की गोदी में उसको ललकारना, कहना कि 'काल' तुझसे होड़ है मेरी, इतना आसान भी नहीं।

जिस प्रकार जटिल से जटिल, कठोर से कठोर व्यक्ति में कुछ-न-कुछ कोमल और प्यारा होता ही है—उसी प्रकार क्षणभंगुर और नश्यमान दीखने वाली हर सत्ता में अमृत की एक बूँद झिलमिलाती काल की डायक्रॉनिक धारणा को सीधी चुनौती-सी देती हुई। साहित्य उसी एक बूँद को निवेदित कीमियागीरी है। और तरह के कीमियागीर बेशक बेफल हो गये हैं, लेकिन साहित्यकार नहीं हुए वे। शायद इस कारण कि वह हमेशा से सर्वसमोवंशी रहा, सभी विधाओं के घर इसका आना-जाना है, एक सिरे पर यह निस्सीम काल से जुड़ा है तो दूसरे सिरे पर उस टेम्पोरल टाइम से भी जो कन्टेम्परेरी का बीज शब्द है।

सारा राय

काशीनाथ सिंह जी की लम्बी कहानी 'कौन ठगवा नगरिया लूटल हो', 'तद्भव' के अप्रैल 2001, अंक में छपी थी। बनारस के अस्सी घाट की सड़कों पर बिरहा प्रतियोगिता की शैली में लिखी हुई इस कहानी की अनोखी संरचना ने अस्सी घाट के यथार्थ को एक राष्ट्रीयरूपक में परिवर्तित कर दिया। कहानी में 'समय' की खोज शुरू होती है—''बलवान, शैतान, बेईमान समय'' की। बड़ी टेढ़ी खोज है यह—''कहाँ है?, समय?, किधर है? क्यों है? इसे खोजने में जाने कितनी सरकारें आईं भी और गईं। खोज चलती रही। 'जितना बड़ा देस उतनी लम्बी रेस।'

यह किस समय की बात रही है? यह आज ही का तो समय है। इक्कीसवीं सदी में कदम रखा नहीं कि समय की गाड़ी गर्दन तोड़ गति से दौड़ने लगी है। सब कुछ पीछे छूटा जा रहा है—साहित्य की परिचित विधाएँ, पारम्परिक शिल्प, कथ्य, कथन, संरचना, शब्द, विन्यास, वृत्तान्त। भूगोल इतनी तेजी से बदल रहा है कि रुककर दम भरने की, आस-पास का जायजा लेने की मोहलत नहीं। इधर रुके, उधर भूगोल बदला। अभी-अभी तो ऐसा था, यह कैसा हो गया? जैसे जमीन खुद ही हाँफती हुई दौड़ रही हो। ऐसा समय संचार क्रान्ति, सूचना क्रान्ति, आक्रामक विज्ञापन, मल्टीनेशनल, मल्टीलिंगुअल, मल्टीलेयर्ड और हाँ, मल्टीसुइसाइडल भी जिसमें हजारों की तादाद में किसान आत्महत्या कर रहे हैं। आदमी गायब हो रहे हैं जैसे किसी फन्तासी में। शहरों में पूरी की पूरी इमारतें गायब हो रही हैं, रातोंरात ढहा दी जा रही हैं और मलबे में दबे शव भी रातोंरात गायब हो जाते हैं। न उनके चेहरे हैं, न नाम।

पुरानी इमारतों की जगह जगमगाते बीस मंजिले होटल और शॉपिंग मॉल जिनकी ऊँचाई आत्महत्या करने वालों को न्यौता दे रही है। छत से जमीन तक सीढ़ियाँ पानी की तरह बह रही हैं। यह सब हो क्या रहा है।

टी. वी., मोबाइल, कम्प्यूटर, इन्टरनेट, दूरदराज कस्बों और गाँव में पहुँच गये हैं मगर पीने का पानी मीलों दूर है। संचार क्रान्ति फासले घटा रही है, खराब सड़कें फासले बढ़ा रही है। यह कौन-सा समय है जिसमें कई सदियाँ एक के ऊपर एक

बैठी हुई है? स्मृतियाँ पुरानी नहीं होने पाती कि उन पर दूसरी स्मृतियाँ, नयी छवियाँ लद जाती हैं, जैसे जूते-कपड़े पुराने नहीं होते कि नये फैशन वाले आ जाते हैं। हर चीज का, हर आदमी का दाम है, हर चीज बिकाऊ है। बाजार इन्सान के निजी स्पेस पर पैर फैलाए पसरा है। एक तरफ बाजार है और दूसरी तरफ राजनीति जो जिन्दगी के हर पहलू को घेरे हुए हैं। साम्प्रदायिक दंगे हैं, बम विस्फोट हैं, नरसंहार हैं, भ्रूण हत्या है और इतने बड़े देश के कुछ हिस्सों में सब जगर-मगर है। यह सवालों का युग है, प्रश्नचिह्नों से भरा हुआ जहाँ ईश्वर तक सन्देहपूर्ण है। जैसा कि काशीनाथ जी कहते हैं, न कन्धे पर धनुष, न होठों पर बंशी, न उँगली पर चक्र कैसे मान लें कि आप ईश्वर हो।'

इक्कीसवीं सदी का यथार्थ अपनी जटिलता में अतिरंजित-सा मालूम देता है और साहित्य इसके आगे कलम लिये खड़ा है—ऐसी हैरतअंगेज हकीकत के साथ किस तरह रू-ब-रू हुआ जाये उससे कैसे जूझा जाये? हिन्दी कथा के लिए यह चुनौती भरा समय है। संकट और आशा, उल्लास और दुविधा की खिचड़ी खदबद-खदबद पक रही है। एकाध दशक पहले तक हिन्दी कथा के अन्त के बारे में आशंकाएँ व्यक्त की जा रही थीं, आज एक ही समय पर चार लेखक पीढ़ियाँ सक्रिय हैं। बाहर का आक्रामक यथार्थ जब कल्पना की नाकाबन्दी जैसे किये हुए है तो उसमें लेखकीय एकान्त का क्या होता है?

1921 में कैथरीन मैन्सफील्ड ने डारोथी ब्रेट को एक पत्र में लिखा था, 'वन ट्राइस टू गो डीप, टू स्पीक टू दी सिकरेट सेल्फ वी आल हेव' इस सिकरेट सेल्फ में वह लेखक की उस अन्तर्दर्शी जगह को, उस स्पेस को इशारा कर रही है जहाँ कहानी बनने का संघर्ष चलता है। लेखक एक समय में विभिन्न विस्तारों में वास करता है—बाहरी दुनिया का स्पेस, कहानी के अन्दर का स्पेस, स्मृति के पटचित्र मन की वही रहस्यमयी जगह जिसका कैथरीन मैन्सफील्ड जिक्र करती है। लेखक एक ही वक्त पर पाठक भी होता है और लेखक भी। वह उस स्पेस को पढ़ता है, गढ़ता है, जीता है जो बाहरी दुनिया की प्रतिध्वनि से छनकर उसके अन्दर बसा होता है।

इस स्पेस की कल्पना हर लेखक अपने ढंग से करता है। ज्योत्स्ना मिलन के लेखन में स्पेस अपना अर्थ लेकर आता है। वह घर के बाहर की दूरी नापने लगता है, साथ ही साथ अपने निजी अस्तित्व और दुनिया के बीच की दूरी को भी। अक्सर वह अमूर्त और दार्शनिक में परिवर्तित हो जाता है। आसमान समुद्र, हवा, क्षितिज वह विस्तार जहाँ इच्छाएँ पैदा होकर पनप सकती हैं। यह वह स्पेस है जिसमें रोजमर्रा की घुटन से भागकर जाया जा सकता है जैसा कि बा, उनकी इसी शीर्षक की कहानी में मुख्य पात्र, घर और पति के घेरे में बन्द एक दिन महसूस करती है जब उसके अन्दर एक अपनी, खास अपनी इच्छा पैदा होती है। फेमिनिस्ट लेखन में यह क्रान्तिकारी पल है जब वर्जीनिया वुल्फ के 'ए रूम ऑफ वन्स ओन' के सामने

आकर खड़ा होता है। 'ए डिजायर ऑफ वन्स ओन' उनके सोलह साल करीब पहले प्रकाशित, कम नोटिस किये गये उपन्यास 'अ अस्तु' का आसमान मुख्य पात्र अस्तु को आजादी का मन्त्र बता देता है। परकाया प्रवेश का मन्त्र जिसके सहारे वह कभी पेट में चली जाती है, कभी साँप या चील में, कभी आदमी में, घरेलू जिन्दगी में यह मुक्ति का स्पेस है। जैसा कि सीढ़ियाँ चढ़ना और चढ़ते जाना आजादी और आकांक्षा का संकेत है। नारी विमर्श का यह अहम पड़ाव है जिसमें स्त्री होने का मतलब क्या है जैसे सवाल का हम सामना करते हैं। स्त्री मानस के लचीलेपन से अवगत होते हैं।

इसी प्रकार विनोद कुमार शुक्ल के 'लेखन में स्पेस एक अस्तित्वात्मक विमर्श की सम्भावना लेकर आता है। उनका स्पेस एक कस्बाती सड़क हो सकती है जिस पर निम्न मध्यवर्गीय जीवन का बड़ा हिस्सा जिया जाता है। निम्न मध्यवर्गीय जीवन के आस-पास फैलते हुए विस्तार की झलक हमें यहाँ मिलती है और उनके पात्रों का जीवन के प्रति सृजनात्मक अन्तर्बोध है जो उन्हें दैनंदिन के संघर्ष की तुच्छता से ऊपर उठा देता है। उनकी भीतरी और बाहरी दुनिया आसानी से जुड़ी हुई मालूम देती है और यह उनके अद्‌भुत जीवन दर्शन के कारण है। उनका पारदर्शी गद्य जीवन को प्रतिबिम्बित करता हुआ आइना भी है और अन्दर टिमटिमाते चिराग से दीप्तिमान भी।

गीतांजलिश्री के उपन्यास का शीर्षक ही 'खाली जगह' है। तो उनका खाली स्पेस क्या है? वह एक रूपक ही है जो कई चीजों की तरफ इशारा करता हुआ प्रतीत होता है। क्या यह वह मरुभूमि है जो माँ-बाप के जीवन पर पसर गयी है, उनके बेटे की बम विस्फोट में मृत्यु के बाद? या शायद वह उस बंजर समय का रूपक है जिसमें उपन्यास घटित होता है। हो सकता है यह खाली जगह वह लड़का खुद ही हो जो मेरे बेटे का स्थान ले लेता है और जो अपने धुँधलेपन अपनी अस्पष्टता में एक शून्य स्थान की तरह लगने लगता है। उग्रवाद पीड़ित समय में प्रतिरोध की यह भी एक सशक्त आवाज है।

अखिलेश के कहानी संग्रह 'अँधेरा' की कहानी 'वजूद' का स्पेस एक आदिम जंगल है। 'आसमान में सुबह का सूर्य था और धरती पर केवल जंगल था और जयप्रकाश था, जयप्रकाश सूर्य को भूल गया था और अपने को भी, उसके लिए जंगल का अस्तित्व था।' वह जंगल में खो जाता है और जंगल उसमें खो जाता है। जंगल से जयप्रकाश के रिश्ते का इतिहास प्रेम, भय और जुनून के अध्यायों में विभक्त किया जा सकता है।

जय प्रकाश के पास जड़ी-बूटी पहचानने का खानदानी गुण है। इस मिटते हुए ज्ञान के जानने वालों के जीवन पर कहानी एक आत्मीय नजर डालती है। उसमें एक प्रकार की आदिम स्मृति और कल्पना का अद्‌भुत मिश्रण है। और उसका विस्फोटक

अन्त आशा की उड़ान में रूपान्तरित हो जाता है। 'अँधेरा' की चार कहानियाँ लघु उपन्यास जैसी है। सशक्त और विचलित करने वाली। राजनीतिक सत्ता साम्प्रदायिकता, शोषण और अत्याचार के खिलाफ आवाज उठाती हुई और इस आवाज का स्वर और कहानियों का गम्भीर हास्य आहत करता है।

'साहित्यिक परिदृश्य तेजी से बदल रहा है। कैथरीन मैन्सफील्ड का 'सिकरेट सेल्फ' भी खानाबदोश हो चला है, सृजनात्मक प्रेरणाएँ बाहरी दुनिया की नयी खोज में निकली हुई हैं। लेखन के ढाँचे टूट-बन रहे हैं। साहित्यस्केप पर एक युवा पीढ़ी जो कुछ वर्षों पहले नजर ही नहीं आती थी आज बढ़ते आत्मविश्वास के साथ सामने आ रही है। यह पीढ़ी आत्म अवगत भी है और आज के ऐतिहासिक पल की समझ भी रखती है—नीलाक्षी सिंह, पंकज मिश्र, कुषाल सिंह, राजुला शाह, चन्दन पाण्डेय, वन्दना राग, मनोज कुमार पाण्डेय, शशिभूषण द्विवेदी—बहुत से नाम और भी हैं जो परिचित हो चुके हैं। इनके अलावा बहुत से ऐसे नाम हैं जो मुख्यधारा में शामिल अभी नहीं हुए हैं पर व्यापक तौर पर साहित्यिक वातावरण बनाने में उनका योगदान है। इनमें से बहुतेरे लेखक पच्चीस-तीस की उम्र के ही हैं मगर लिखने में अभ्यस्त, होशियार। इतनी कच्ची उम्र में उन्होंने यह महारत कैसे हासिल कर ली? क्या लिखते हुए पैदा हुए थे?

नीलाक्षी सिंह की कहानी, 'उस शहर में चार लोग रहते थे' ये चार पात्रों की जिन्दगी के जरिए एक पूरा युग टटोलती है—बाजारवाद, पूँजीवाद, सामन्ती व्यवस्था के अत्याचार और शोषण, मानवीय मूल्यों का ओझल होना, मशीनी युग, औरतों का दर्द, प्रेम...इस कथा की बनावट में ढेरों धागे हैं। 'एक था बुझवन' 'प्रतियोगी' तथा अन्य कहानियों में वह गल्प और स्मृति और घरेलू ब्यौरों के अनोखे ताने-बाने से वह आज के यथार्थ पर काबू पाती हैं।

पंकज मित्र के 'क्विजमास्टर' 'बेलाकामू' 'बिलौती महतों की उधार फिकिर' इत्यादि कहानियों में लोककथा के हास्य तत्त्व और भोजपुरी के उतार-चढ़ाव का प्रयोग करके लालच और भ्रष्टाचार का वातावरण बखूबी खँगालते हैं। लोगों के सपने बदल गये हैं। साथ-साथ धोखाधड़ी और छल-कपट के भी नये सृजनात्मक पैमाने बन गये हैं। मल्टीनेशनलों और बड़ी-बड़ी कम्पनियों ने बेचने का ढंग बदल दिया है। यहाँ तक कि गीता पढ़ने का नया मतलब और तरीका ढूँढ़ लिया गया है।

युवा पीढ़ी वर्तमान के प्रति सजग संवेदनशील होने के साथ-साथ उन विषयों पर भी सहानुभूति प्रकट करती हैं जिनके बारे में आज कम बात हो रही है। कई क्लीन होते हुए पेशों के ऊपर कहानियाँ लिखी जा रही हैं जैसे मनीषा कुलश्रेष्ठ की स्वाँग जो बहुरुपिये कलाकार गफ्फार खाँ के बारे में है, या तरुण भटनाकर की 'गुणा भाग' जो सपेरे के गायब होते हुए पेशों पर है। उदाहरण बहुतेरे हैं अक्सर कहानियों

के पात्र एकदम साधारण तबके के ही होते हैं। एक बात और जो गौरतलब है। वह यह कि विभिन्न लेखक विभिन्न स्थानों से आ रहे हैं। चाहे झारखण्ड हो या लखनऊ, भोपाल हो या जालन्धर, विलासपुर हो या आगरा, बनारस हो या समस्तीपुर, जैसे देश के अलग-अलग कोनों से आवाजें समूहगान में उठ रही हों। इतने बड़े और व्यापक हिन्दी क्षेत्र से आती यह आवाजें हिन्दी भाषा के ही आकार को बदल रही हैं और खड़ी बोली के संगीत में आंचलिक बोलियों के राग शामिल हो रहे हैं। मीडिया और मोबाइल अपनी मौजूदगी भाषा में भी दिखा रहे हैं—आज की कहानी में ऐसे आया हैं जो किसी और समय में हो ही नहीं सकते थे। जैसे कुणाल सिंह की कहानी 'रोमियो जूलियट' और 'अँधेरा' में प्रेम एसएमएस की भाषा में होता है या प्यार इन्टरनेट के चैट रूम में रचा जाता है। कहानी का शीर्षक जैसे 'ब्रेक के बाद' भी इसी युग का हो सकता है। आज के बदलते परिवेश में दलित लेखन एक बड़ी शक्ति की तरह सामने आया है। मगर वह इतना बड़ा और गहन विषय है कि यहाँ सिर्फ उसका जिक्र करने का ही समय है।

नयी पीढ़ी की भाषा और शिल्प कौशल्य के बारे में अगर कोई चीज है जो थोड़ा परेशान करती है, वह यही कौशल्य है। इस कौशल्य का इतनी जल्दी हासिल होना। आज के युग में जब सब कुछ एक प्रोडेक्ट है, हमें सतर्क रहना है कि लेखन भी इसी दिशा में न जाने लगे। वह भाषा का, कथ्य का टटोलना, वह मनन कहाँ गया जो लेखन को एक साधना का रूप प्रदान करता था और जिसमें कथा का मर्म उत्पन्न होता था? अच्छे साहित्य की भूमिका रही है कि वह अपनी अनुभूति से पाठक को उन स्थितियों, उन मुश्किलों से ऊपर उठा देता है जिनका वह साहित्य वर्णन करता है। आज की कहानी यह कर पायेगी कि नहीं इसके लिए इन्तजार करना होगा। समय बतायेगा वही सर्वोपरि समय जो सब चीजों पर शासन करता है।

खण्ड-III

बाजार का समय और साहित्य का समय

विशेष व्याख्यान / शिव कुमार मिश्र

उत्प्रेरक व्याख्यान / अजय तिवारी

मुख्यव्याख्यान / नवल शुक्ल

शिव कुमार मिश्र

जब मेरे सामने यह विषय रखा गया तब मेरे मन में बाजार था, साहित्य था और जिस समय यह संगोष्ठी हो रही है यह समय मेरे मन में था। मैंने सोचा था कि बाजार है, हमारा समय है और साहित्य की दुनिया में काम करने वाले हम लोग हैं।

'वसुधैव कुटुम्बकम' की संकल्पना में वैश्वीकरण ने अपने पाँव पसार लिए हैं। ये दोनों परस्पर विरोधी हैं, बाजार क्या है और पहले क्या था यह मेरे मन की कुछ चिन्ताएँ हैं जो मैं आपके सामने रखना चाहता हूँ। एक कोटेशन पढ़ूगा जिसका सम्बन्ध भूमण्डलीकरण और बाजार दोनों से है। भूमण्डलीकरण वस्तुतः अमेरिकी दबदबे का ही पर्यायवाची है। यह स्वाभाविक ही है कि दुनिया के देश अमेरिका की उपलब्धियों को देखते हुए उसका अनुसरण करें।

अमेरिका ने अकूत धन अर्जित किया है। पूँजी की उपलब्धता बढ़ाई है। नवीनतम प्रौद्योगिकी विकसित किया है और अनगिनत प्रकार की वस्तुओं और सेवाओं के लिए बाजार बनाया है। फलतः वह पूर्ण रोजगार लगातार बढ़ती वास्तविक मजदूरी उत्तरोत्तर व वर्तमान उत्पादकता, मुद्रास्फीति की निम्न दर, आर्थिक समृद्धि की ओर निरन्तर बढ़ रहा है। जिस प्रकार भूमण्डलीकरण का पिछला दौर ब्रिटिश नेतृत्व में चला था उसी प्रकार वर्तमान दौर के लिए अमेरिका के विचारों, मूल्यों और जीवन शैली को अपनाना पड़ेगा उनके सामने अन्य कोई विकल्प नहीं है। ये उद्‌बोधन हैं अमेरिका के फारमर फॉरेन मिनिस्टर हेनरी किसिंगर का जो उन्होंने आयरलैण्ड के डबलिन शहर में ट्रिनिटी कॉलेज में 12 अक्टूबर 1999, को दिया था। ये भूमण्डलीकरण का यथार्थ है। वस्तुतः पिछली सदी का जो आखिरी दशक है इसी से आज के माहौल की शुरुआत हुई। सोवियत यूनियन का विघटन, यूनीपोलर वर्ल्ड, अमेरिका की सरपरस्ती और पुराने उपनिवेशवाद और पूँजीवाद का नये मुखौटों में सामने आना और अधिक ताकतवर होकर सामने आना। क्योंकि कोई नयी चुनौती नहीं और प्रतिस्पर्धी नहीं और कोई चुनौती हैं। वैश्वीकरण, उदारीकरण, जनतन्त्र आदि का मुखौटा। इन मुखौटों को लगाकर उपनिवेशवाद और पूँजीवाद पहले वाले से हजार गुना ताकतवर बन गया है। अब एक पूँजीवाद देश नहीं है जो किसी देश

को गुलाम बनाकर इसका आर्थिक दोहन करें। अब यह एक गिरोह बन गया है। उसकी संस्थाएँ हैं। इन्टरनेशनल मोनिटोरिंग फण्ड है, वर्ल्ड बैंक है, ये दुनिया के पिछड़े विकासशील देशों को ऋण देते हैं और उन्हें विवश कर देते हैं अपने सहारे के लिए। (राजनीतिक और आर्थिक गुलामी में एक अन्तर यह है कि इसमें देहबन्दी होती है। लेकिन मन स्वतन्त्र रहता है, आर्थिक गुलामी के फेर में अगर हम पड़ गये तो हमें बाँधने की जरूरत नहीं है हमें खोल दीजिए। 'गोदान' में होरी धनिया से कहता है कि, 'धनिंया गर्दन किसी के पैरों तले दबी हो तो उसे सहलाने में ही कल्याण है'। आज भी कई देश उन पैरों को सहला रहे हैं और दुर्भाग्यवश हमारा देश भी उनमें से एक है। बाजार हमारे लिए नया नहीं है। अब यह वैश्वीकरण के साथ आया है। अखिलेश ने अपनी किताब में कहा है आज बाजार हमारे घर में है। हमारे जेहन, वजूद हर जगह बाजार है। बाजार सर्वव्याप्त है। इसके लिए कही जाने की जरूरत नहीं है। दुःख, सुख, धर्म, संस्कृति, उत्सव हर जगह इसने अपने पैर पसार लिये हैं। अब ऐसा कोई साहित्यकार नहीं बचेगा जिसकी रचना बाजार में न आये। यह सब बाजार की करामात है। यह अब पाठकों को ध्यान में रखकर नहीं लिखी जाती बल्कि सप्लाई की जाती है। 400-500 की किताब वह पाठक खरीदेगा जिसके पास समय है। आप गम्भीर लेख लिखें तो आपको कोई स्थान नहीं मिलेगा लेकिन किसी का चरित्र हनन कीजिए वो फौरन छप जायेगा। गुजरात में 2002 में जो दंगे हुए उसमें भी बाजारवाद शामिल था। अखबारों में यह छपा था कि लूट हुई थी अहमदाबाद में मध्यमवर्गीय कार वाले घरों में डिग्गी भरकर ड्रेस मैटेरियल्स की दुकानें लूटी गयीं और महिलाओं की भी इसमें बराबर की भागीदारी रही है। हमारा समाज गरीबों और अमीरों में लम्बे समय से बँटा हुआ है। लम्बे समय ये यह विषमता विद्यमान है। आज छोटे-छोटे कस्बों में भी मॉल कल्चर ने अपने पाँव फैला लिये हैं। सब्जी से लेकर अनाज तक के लिए हम इन पर निर्भर हो गये हैं। मेरे विचार में इतनी विषम परिस्थिति जो बाजारवाद की वजह से उत्पन्न हुई है आज से पहले कभी नहीं थी। मेरे गाँव में पंचायत हैं वहाँ पर टी. वी. हैं जहाँ पर गाँव के लोग इकट्ठा होकर कार्यक्रमों को देखने आते हैं इसमें ज्यादा तादाद गाँव के लड़के, लड़कियों की है जिनके पास खाने के लिए व पहनने के लिए कुछ नहीं है लेकिन टी. वी. संस्कृति ने उनकी मानसिकता पर गहरी छाप छोड़ी है। आज जब टी. वी. में एक खा रहा है तो करोड़ों उसको खाते देख रहे हैं, एक भोग रहा है तो करोड़ों उसको भोगते हुए देख रहे हैं। एक करोड़ों कमा रहा है तो समूचा दर्शक वर्ग उसे ललचाकर देख रहा है। मध्य वर्ग जिसने कई क्रान्तियों का नेतृत्व भी किया है आज उनमें से एक नया वर्ग उभरकर आ रहा है और जिनकी आबादी 30 करोड़ से ऊपर की है वो बाजार के माया मोह में फँस कर रह गया है और उसे मैं ही मैं दिखाई दे रहा है।

चन्द लोगों के लिए बाजारवाद ने जो सुख भोग का स्वर्ग बनाया है वह विराट-विराट हिन्दुस्तान में लोगों के जिन्दा रहने की बुनियादी जरूरतों की कीमत पर बनाया गया है। अगर आप झारखण्ड, बिहार, गुजरात के गाँवों की बस्तियों या फिर दिल्ली में ही रेलवे प्लेटफार्म पर जिन्दगी बसर करने वालों को देखें तो हिन्दुस्तान का एक रूप दिखाई देगा। वे भी देश के नागरिक हैं, उन्हें भी वोट का अधिकार है लेकिन सत्ता में बैठे बुद्धिजीवियों तथा प्रबुद्ध वर्ग को यह सच्चाई दिखाई नहीं देती है। पिछली बार जब चुनाव हुए थे तो सरकार का नारा था फील गुड। जिस समय बड़ौदा में यह नारा दिया जा रहा था उसी समय भरुच में एक आदमी ने अपने तीन बच्चों को नर्मदा में फेंक दिया क्योंकि उनके पास खाने को कुछ नहीं था। आज की जनता शायनिंग इण्डिया और फील गुड को अच्छी तरह से जानती है। वह जानती है कि इण्डिया शायनिंग है लेकिन यह कुछ एक के चेहरों पर दिखता है जो संसाधन युक्त हैं। अभी भी काफी तादाद ऐसों की है जहाँ तक यह पहुँच नहीं पायी है। पिछले दिनों दिल्ली में किसी कॉलोनी में एक घर में तीन लड़कियों के भूख से मरने की खबर थी जो टाइम्स ऑफ इण्डिया की हेडिंग थी एक भूख से मर गयी थी और बाकी दोनों बगल के खाटों में पड़ी थीं जब गन्ध आयी और पुलिस ने दरवाजे तोड़े तो दोनों लड़कियाँ कंकाल हो चुकी थीं। पेपर में यह लिखा था कि दिल्ली को शर्म से मर जाना चाहिए कि एक तरफ तो भूख से जनता मर रही है और दूसरी तरफ दिल्ली अपने सुरूर में है। संजय चतुर्वेदी की एक कविता है सभी लोग और बाकी लोग। शीर्षक कुछ अटपटा है कि जब सभी लोग हैं तो बाकी कौन बचा।

सभी लोग बराबर हैं
सभी लोग स्वतन्त्र हैं?
सभी को न्याय का अधिकार है?
सभी इस धरती के हिस्सेदार हैं
बाकी लोग अपने घर जायें।
सभी लोगों को मिलता है
सब कुछ! सभी लोग अपने घर में सुखी हैं
हम क्या करें अगर बाकी लोग हैं
सभी लोगों से बहुत ज्यादा बाकी लोग दुखी हैं
तो क्या बाकी लोगों के लिए सभी लोग मर जायें।
बाकी लोग अपने घर जायें।

यहाँ समय एक ही है लेकिन समय की क्या विडम्बना है। हमें हमारे पितामह कह गये कि दुनिया में जो सबसे घृणित है वो कर्ज है इसलिए कभी कर्जदार मत बनना। इस बार जो बजट पेश हुआ उसमें किसानों का ऋण माफ कर दिया गया

क्योंकि इसी ऋण की वजह से किसान आत्महत्या कर रहे थे। अगर आप बाहर निकलकर देखें तो हर जगह आपको बैंकों में लोन उत्सव दिखाई देंगे। कार लोन, होम लोन जिसे लोन मिल गया वह खुद को भाग्यशाली और बाकी उसे अपना दुर्भाग्य मानते हैं। यह कैसी विडम्बना है कि एक तरफ ऋण के बोझ तले किसान आत्महत्या कर रहे हैं वहीं दूसरी ओर एक ऐसा भी किसान है जो 300 करोड़ की जायदाद का मालिक है और जिसे यू. पी. गवर्नमेन्ट ने किसान होने का सर्टिफिकेट दिया है यह है सुपरस्टार अमिताभ बच्चन। यह है भारत की सच्चाई एक तरफ सफरिंग इण्डिया और दूसरी तरफ शायनिंग इण्डिया। एक तरफ नियामतें हैं 56 भोग हैं तो दूसरी तरफ करोड़ों की तादाद टकटकी लगाये हुए हैं एक तरफ ऋण के बोझ तले दबे लोग तो दूसरी तरफ ऋण को लपकने वाले लोग।

आज लोगों की बोलियाँ लगाई जा रही हैं क्रिकेट में। कोई 6 करोड़, 5 करोड़, कोई 3 करोड़। इस हिन्दुस्तान में हर चीज बिकाऊ है। यहाँ आधी से ज्यादा जनता बी. पी. एल. के परिधि में हैं वहाँ ऐसे खेल चल रहे हैं। यहाँ इज्जत भी बिकाऊ है जो पैसे में तोली जाती है। 4-5 लाख दे दीजिए, मान-हानि का मुकदमा ठोक दिया जायेगा। आचार्य शुक्ल जी ने एक कविता लिखी है जो कविता की आत्मीयता को प्रकट करता है। उसके अन्त में एक लाइन है कि, "आदमियों को इसकी जरूरत है जानवरों को नहीं", अजय ने भी कहा है कि कविता हमारी आत्मीयता का तकाजा है। आज भी इन्सान अपने आपको जानवरों की श्रेणी से अलग रखकर देखता है। पहले के समय में बाजारू होना भी बुरा माना जाता था लेकिन आज कविता, साहित्य, यहाँ तक कि आदमियत भी संकट में है। कुछ समय बाद एक ऐसा वक्त आयेगा जब हमारे विचार का मुद्दा होगा कि हम कितने आदमी रह गये हैं। प्रकृति ने मनुष्य को 100 वर्ष का समय दिया है और पाँच इन्द्रियाँ लेकिन यह प्रकृति इतनी विराट है कि हम 1000 जन्म भी ले लें तो भी इसके रहस्य को नहीं जान पायेंगे। सब अधूरे ही इस दुनिया से चले जाते हैं। किसी ने समुद्र देखा है तो रेगिस्तान नहीं और किसी ने रेगिस्तान देखा है तो हिमालय नहीं। हम किताबें इसलिए पढ़ते हैं कि दूसरों के अनुभवों को शेयर कर सकें उनके विचारों को जान सकें। हमने भले ही हिमालय न देखा हो लेकिन जब हम कालिदास के 'कुमारसम्भव' में हिमालय वर्णन पढ़ते हैं तो हम हिमालय की यात्रा कर लेते हैं। इस प्रकार जितना हो सके हम अपने शून्य को भरते हैं। पं. रामचन्द्र शुक्ल ने कहा था, कि 'जोला के उपन्यासों को पढ़िये तो रेलवे स्टेशन के आस-पास एक प्रकार की गन्ध आती है। आज तो सारा हिन्दुस्तान ही रेलवे स्टेशन बना हुआ है। हम कहाँ जोला के उपन्यासों को देखें। मनुष्य का भाव और विचार ये ही कविता के बुनियादी घटक हैं जो कविता में रहते हैं और केन्द्र में हैं मनुष्य का भाव जगत उधर इन्द्रिय बोध और मनुष्य के भाव। मार्क्स ने लिखा

है, कि 'जब पशुओं से मानवों का विकास हुआ तो जो इन्द्रियाँ आज मनुष्य के पास हैं वहीं इन्द्रियाँ पशुओं के पास भी थी लेकिन मनुष्यों ने अपने लाखों वर्षों की विकास यात्रा में अपने इन्द्रियबोध को प्रखर किया है। और उसे मानवीय बनाया है। जिस प्रकार चमड़ा हमारे शरीर को अविभाज्य हिस्सा है उसी प्रकार कविता भी हमारी जिन्दगी का अविभाज्य अंग है। कविता हम इसलिए पढ़ते हैं क्योंकि इससे डाइवर्सिटी आती है और यह डाइवर्सिटी, होमियोजेनसिटी लाने का काम करती है। आज हमारे सारे इन्द्रिय संवेदन सीमित होते जा रहे हैं। हम सब कुछ देखने व सुनने के लिए अभिशप्त हैं। दंगों में लाशें बिछी हुई हैं और हम सब उसे खाने के टेबल पर टी.वी. से देखते या न्यूजपेपर्स के माध्यम से पढ़ते हैं ये हैं आज के आदमी की संवेदना। बाजार ने आज मनुष्य को इतना आत्मकेन्द्रित बना दिया है कि शायद हमें इसके पहले ऐसे उदाहरण नहीं मिलते थे जितना कि आज हमारे सामने हैं। हमने टी.वी. पर देखा है कि लोकल ट्रेन से टकराकर अँधेरी के प्लेटफार्म पर लहूलुहान एक आदमी गिरा हुआ है और किस प्रकार उसके सीने पर पैर रखकर लोग जा रहे हैं और ट्रेन चालक को गालियाँ दे रहे हैं। भूकम्प के दौरान लाशों का अम्बार दिखा रहे हैं और पाँच मिनट बाद कॉर्मर्शियल ब्रेक और जिसमें सौन्दर्य प्रसाधन के विज्ञापनों की भरमार और फिर वही लाशों का ढेर दिखाना चालू हो जाता है।

हमारा साहित्य प्रतिरोध का होना चाहिए। आज का बाजार कस्बों और दूरदराज के गाँवों में भी अपने पाँव फैला रहा है लेकिन ये जो विपन्न भारत है इसमें हिन्दी साहित्य की रचनाएँ आ तो रही हैं लेकिन वे ज्यादातर महानगरों से दूर अंचलों से आ रहे हैं। बाजारवाद ने हमारे साहित्यकारों को लील लिया है। मुम्बई में बैठा कोई स्क्रीन प्ले लिख रहा है कोई पटकथा लिख रहा है लेकिन कुछ लोग ऐसे हैं जिन्होंने बाजार के आगे घुटने नहीं टेके हैं हम उदयप्रकाश, अरुण कमल, राजेश जोशी को पढ़ सकते हैं जिन्होंने बाजारवाद को नहीं अपनाया है।

बाजार की ताकत प्रबल होती है हम इसके समानान्तर पीढ़ियाँ खड़ी नहीं कर सकते। यह प्रतिरोध बराबर बना रहेगा। लार्गट लिखता है, कि 'आगे क्या होगा इसका जवाब इतिहास दर्शन को देना होगा। हमारे पास इतिहास दृष्टि है और हम आस्था के साथ कह सकते हैं कि आदमी की यह यात्रा अँधेरी-अँधेरी सुरंग की नियति की यात्रा नहीं होगी। प्रकाश से हमारा साक्षात्कार होगा।

आज गम्भीर साहित्य को पढ़ने वाले कम होते जा रहे हैं और साथ ही साहित्य और जनता के बीच की दूरी भी बढ़ती जा रही है। मैंने जर्मन राइटर की एक किताब पढ़ी थी सोशियोलॉजी ऑफ डिक्लाइनिंग लिटरेरी। आज गम्भीर साहित्य पढ़ने की किसी को फुर्सत नहीं है। हमारा काम जनता के हितों को ध्यान में रखकर लिखना है। उनके सुख-दुख को हम कितना समझ रहे हैं यह जानने की जरूरत है। हमें

अपनी भाषा को इस प्रकार से बदलना होगा कि हम आसानी से अपनी बात उन लोगों तक पहुँचा सकें जिस तरह से मीडिया अपनी बात पहुँचाती है। आप अपने लोकतन्त्र को देखिए जिसने हर निर्णायक समय में सही निर्णय लिया है। कुछ लोगों को हाशिए पर फेंका है। यह जनता हमारी सबसे बड़ी शक्ति है। जनता को हम समझें और जो कुछ भी बचा है उसे सहेज कर रखने की कोशिश करें।

अजय तिवारी

मैं यह मानने के लिए तैयार नहीं हूँ कि भूमण्डलीकरण का एकमात्र अर्थ बाजारवाद है क्योंकि भूमण्डलीकरण दो बड़ी घटनाओं का संयुक्त रूप है एक चीज है सूचना और दूसरा बाजारवादी व्यवस्था। एक अध्यात्म से जुड़ी हुई है तो दूसरी वैज्ञानिक उपलब्धियों से जुड़ी हुई है। बाजार शक्तियों और साधनों को केन्द्रित करने वाली प्रक्रिया है लेकिन विज्ञान उपलब्धियों को सार्वभौम बनाने वाली प्रक्रिया है। विज्ञान की खोजें नियन्त्रित नहीं की जा सकती उनसे मुनाफा जरूर कमाया जा सकता है। बाजार के लिए उसका इस्तेमाल किया जा सकता है। इन्फारमेशन टेक्नोलॉजी ने ग्लोबल मार्केट के लिए जमीन तैयार की इस बात को हम सब जानते हैं। यहाँ यह भी एक बात याद रखनी होगी कि भूमण्डलीकरण का 'वसुधैव कुटुम्बकम' से कोई लेना-देना नहीं है। भूमण्डलीकरण साइबर स्पेस के जरिए आने वाली परिघटना है। एक कल्पना है तो दूसरी वास्तविकता।

मैं साहित्य और बाजार के सम्बन्ध में थोड़ी-बहुत बातें कहूँगा। मैं मानता हूँ कि बाजारवाद हमारे मूल्यों, संस्कृति, उपलब्धियों को हमसे छीनने की कोशिश कर रहा है। लेकिन बाजारवाद एक ऐसी अनिवार्य जरूरत है जिसके बिना शायद हम चल भी न सकेंगे। दिल्ली विश्वविद्यालय के एक अर्थशास्त्री ने भूमण्डलीकरण पर कई लेख लिखे हैं जो प्रकाशित हुए हैं। उन्होंने लिखा है, कि "केवल पूँजी का नहीं श्रम का भी भूमण्डलीकरण रोजगार में दिखाई पड़ता था, जबकि 20वीं शताब्दी के अन्त में जो भूमण्डलीकरण दिखाई पड़ता है इसमें श्रम का भूमण्डलीकरण नहीं है। इसमें आने-जाने के कानून कड़े किये जा रहे हैं। हिन्दुस्तान में इंजीनियर, डाक्टर अब भी अमेरिका या दूसरे देशों में जा सकते हैं लेकिन टेक्नीशियन नहीं जा सकते। जो यहाँ से कम्प्यूटर ऑपरेटिंग सीख कर गये हैं वो वहाँ शेयर मार्केट में उथल-पुथल आने की वजह से वापस लौटकर आ गये। अमेरिका में हायर एजुकेशन को लेकर कोई दिलचस्पी नहीं है। उन्हें दुनिया भर से इन्टेलेक्चुअल्स चाहिए। ब्रेन ड्रेन होना चाहिए लेकिन श्रमिक या टेक्नीशियंस नहीं चाहिए। यह दोहरी प्रक्रिया है। श्रम का निर्गमन रोकने के लिए आउट सोर्सिंग की जा रही है। आउट सोर्सिंग कम्प्यूटर

या इन्टरनेट के बिना सम्भव नहीं है। मार्केट अपने मुनाफे के लिए टेक्नोलॉजी के सारे साधनों को इस्तेमाल कर रही है। अभी हाल ही में ब्लॉग कान्सेप्ट आया। इससे पता चलता है कि बाजार का ब्लॉग पर कोई नियन्त्रण नहीं है। प्राफिट, अर्निंग और डिमोक्रेटाइजेशन दोनों विरोधी घटनाएँ साथ-साथ हो रही हैं यह आज के समय की तस्वीर है जो उलझी हुई है।

साहित्य मनुष्य के सम्बन्धों की अभिव्यक्ति है और बाजार मनुष्य के सम्बन्धों का निर्माण करती है दोनों मनुष्य के सम्बन्धों से जुड़े हैं एक आधार प्रकट करता तो दूसरा अभिव्यक्ति इसलिए दोनों के बीच केवल विरोध का नहीं परस्पर मेल का सम्बन्ध भी होना चाहिए। निसन्देह बाजार की प्रेरणा मुनाफा है। मैंने इसका विश्लेषण किया कि अगर 10-20 प्रतिशत मुनाफा हुआ तो पूँजी की कोई विभक्ति नहीं होती है। 50 प्रतिशत मुनाफा होता है तो पूँजी ललचाई नजरों से देख रही होती है। 100 प्रतिशत मुनाफा होता है तो पूँजी उसकी तरफ चल पड़ती है। लेकिन 500 प्रतिशत मुनाफा होने पर पूँजी वहशी होकर दौड़ पड़ती है। बाजार की प्रेरणा मुनाफा है। मुनाफा जितना ज्यादा होगा बाजार उतना ही स्ट्राँग होगा। हम जानते हैं कि भूमण्डलीकरण के साथ जो दो तरह के बाजार फल-फूल रहे हैं इनमें हैं एक सूचनाओं का बाजार और दूसरा है उपभोक्ताओं या कन्ज्यूमर्स मार्केट। इन दोनों में पूँजी कम और मुनाफा ज्यादा होता है। पूँजी आज लगती है मुनाफा कल शुरू हो जाता है। इस्पात या इस तरह के और कारखाने लगाने में पूँजी ज्यादा लगती है और मुनाफा देर से होता है। भूमण्डलीकरण के दौर में एक चीज बनी हुई है और वो है मुनाफा। ये बाजार की प्रेरणा पहले भी थी और आज भी। लेकिन इससे उल्टा कार्य करती है क्योंकि साहित्य संवेदना का कार्य करती है और संवेदना का अर्थ होता है सम् वेदना। साहित्य की प्रकृति समावेशी होती है। इसलिये बाजार अगर बहिष्कारी प्रक्रिया है तो साहित्य समावेशी। बाजार मानव सम्बन्धों का निर्माण करता है और साहित्य के लिए आधार प्रस्तुत करता है। दूसरे स्तर पर बाजार साहित्य के लिए विरोधी मूल्यों का सृजन करता है इसलिए साहित्य और बाजार दोनों के बीच हमें द्वन्द्वात्मक सम्बन्ध देखने की जरूरत है। बाजार विषमता पैदा करता है और साहित्य समता और सन्तुलन। असन्तुलन के बिना मुनाफा नहीं कमाया जा सकता। जब किसी के बहाव में ऐसा उद्वेलन हुआ जो पीड़ित से सहानुभूति व्यक्त करता है तब उस अभिव्यक्ति को पहली बार साहित्य कहा गया। साहित्य में जिसे हम आज की भाषा में सबऑल्टर्न कहते हैं साहित्य तो उस दलित, उपेक्षित का है। राजेशी जोशी वन्दना राग, निर्मला पुतुल अपनी कहानी या कविताओं में किनके जीवन को मूल्यवत्ता प्रदान करते हैं। जहाँ यह खत्म हो जायेगा कि बाजार भी मूल्यों का सृजन करता है व साहित्य भी मूल्यों का सृजन करता है तथा दोनों में संवाद के साथ-साथ विरोध भी है। साहित्य जिस दिल और जान पर टिका है बाजार उसे ही बेच देता है। बाजारवाद

दो चीजों को महत्त्व देता है एक है हमारी आत्मकृतियाँ और दूसरी परितोष।

आक्रामकता विज्ञापनों का मूलभूत सिद्धान्त है। बाजार में बिकने वाली उपभोक्ता वस्तु भावों को परिवर्तित करती है जो मनुष्य की पहचान है। मनुष्य को भी वस्तुएँ अपदस्थ कर देती हैं और उसका जीता-जागता उदाहरण है कि एक कार, फ्रिज, टी.वी. के लिए हम एक जीते-जागते मनुष्य की बलि चढ़ा देते हैं। एक उपभोक्ता है जो बाजार का एक विशेष सामाजिक, मनोवैज्ञानिक परिणाम है। हम बाजार का नहीं बाजारवाद का विरोध कर सकते हैं और चाहे कोई देश हो बाजारवाद ने सामाजिक, सांस्कृतिक मूल्य का दर्जा प्राप्त नहीं किया है।'

नवल शुक्ल

1982-83 के आस-पास हमारे यहाँ टी. वी. आयी और 1984-85 के आस-पास इसने अपने पाँव पसारने शुरू कर दिये। धीरे-धीरे टेक्नोलॉजी का विस्तार हुआ और आज हर घर में टी.वी., मोबाइल, कम्प्यूटर ने अपनी जगह बना ली है। बाजार में अगर कोई (रचनाकार) प्रवेश करता है तो उसका प्रतिकार सिर्फ रचना में नहीं जीवन में भी होता है। बाजार की ताकतें इतनी मजबूत होती हैं कि देर-सवेर ये सारी चीजें हमारे घरों में आ ही जाती हैं। टी. वी. के माध्यम से बाजार हमारे घर में आया है। पिछले कुछ समय से समाज में काफी चीजों का आगमन हुआ है जैसे ग्लोबलाइजेशन का आना, इन्फलेशन का आना, वित्त पूँजी, प्लास्टिक मुद्रा का आना इत्यादि। उसके बाद से समय में बदलाव आना शुरू हो गया है। बाजार का आगमन 9वें दशक के मध्य या उसके बाद से शुरू हुआ है। आठवें दशक के कवि राजेश जोशी की एक कविता है जिसमें एक आदिवासी महिला के बाजार से सम्बन्धों को दर्शाया गया है। वो बाजार के पास जाती है बाजार उसके पास नहीं आता। उनके ठीक बाद के कवि विनोद कुमार शुक्ल की एक कविता है जिसमें जीवन के बाजार की चर्चा करते हैं जिसमें वह महुआ बीनने जाती है जहाँ बाघ है। वो बाघ से नहीं डरती लेकिन जीवन के बाजार से जहाँ वह महुआ बेचने जाती है डरती है। बाजार से हमारा सम्बन्ध 5-10 वर्षों से साहित्य के माध्यम से विश्लेषित होता है। हेमन्त कुमार ने अपनी कविता के माध्यम से बाजार के बारे में उल्लेख करते हुए कहा है कि समय रहते सचेत व जागरूक होने की आवश्यकता है अन्यथा बाजार का समय हमें खा जायेगा।

आज के जमाने में जब आउट सोर्सिंग हो रही है तो हम कैसे बैठे-बैठे पैसे को प्राप्त कर रहे हैं और वहीं यूरोप के देशों में हाथ के कामों की ज्यादा तवज्जो दी जाती है। तीनों देश जिसमें हम और हमसे भी दूर के लोग आते हैं उनके बारे में एकान्त ने एक कविता लिखी है कि वे तीन रुपये बाँट लेती है आपस में तो उन्हें एक रुपया मिलता है।

करेलों की लताओं को उन्हें बीनने में लगा है आधा दिन
एक रुपया उनके आधे दिन का पारिश्रमिक है

मेरे आधे दिन का श्रम इतना कम और
उनके आधे दिन का श्रम इतना ज्यादा मेरे श्रम से
करेले बिक जाते हैं लेकिन उनकी कड़ुवाहट लौट जाती है
वापस उन्हीं बच्चियों के साथ।

बाजार ने सबको बदल दिया है लेकिन इन तीनों के जीवन में कोई बदलाव नहीं आया। प्रजापति की एक कविता है—

हम कम्पनियों को नहीं बताना चाहते कि
हमारे खानदान पूँजीपतियों और सामन्तों के दुश्मन थे
शोषण करने की हर प्रवृत्ति का कायाकल्प कर लिया है तुमने
और तुम चालीस के होकर भी नहीं समझ पा रहे हो कुछ
डूबे जा रहे हो उसकी कम्पनियों के तरण तालों में

सारा राय जी ने कहा था कि बाजार प्रबल है उनमें संवेदना से प्रोडक्शन होता है ऐसा नहीं है और साहित्य में संवेदना होती है। अगर हम कहते हैं कि साहित्य का प्रोडक्शन हो जाता है तो उसमें से भी संवेदना बाजार के किन्हीं तत्त्वों के कारण गायब होती चली जाती है तो सम्भव है कि बाजार का समय बना रहेगा और साहित्य के समय को बनाकर रखने की जरूरत है। हम रचनाकार बाजार के समय पर एकाधिकार नहीं होने देना चाह रहे हैं। हम यह कोशिश करें ताकि साहित्य के समय को नष्ट होने से बचाया जा सके। आज जब हम कुछ लिखते हैं तो एस. एम. एस. के द्वारा बताने की कोशिश करते हैं कि हमने फलां चीज लिखी है या प्रकाशित हुई है। यह भी बाजार का एक रूप है। बाजार में कई सारी टेक्नोलॉजी आयी है जिसमें यह देखना है कि इसका इस्तेमाल कौन कर रहा है? बाजार या आप। उस टेक्नोलॉजी का इस्तेमाल बाजार करेगा तो वो आप पर हावी होगा और अगर आप टेक्नोलॉजी का इस्तेमाल करें तो हो सकता है कि बाजार आप पर हावी न हो।

खण्ड-IV

साहित्य की सीमान्तता एवं सीमान्त पर साहित्य

विशेष व्याख्यान / ममता कालिया

उत्प्रेरक व्याख्यान / मैत्रेयी पुष्पा

मुख्य व्याख्यान / राजाराम भादू, कंवल भारती,
निर्मला पुत्तुल, गुरु प्रसाद मदन

ममता कालिया

अक्सर गलत लोग भी आपके जुलूस में शामिल हो जाते हैं। उनकी छँटाई करना, जब तक आप कोशिश करते हैं तब तक बहुत देर हो चुकी होती है। वैसे ही जैसे आज आम आदमी की जिन्दगी के बारे में लिखने के सिलसिले में कई बार आम आदमी, आम औरत की जिन्दगी को उपन्यासों में, कथाओं में, कहानियों में, इतना चटपटा बनाया जा रहा है कि न खाई चाट, पढ़ लिया उपन्यास, न गये आप मौज मजा करने, नहीं पी दो पैग दारू, किसी स्त्री की रेप कथा पढ़ लिया। तो ये जो धीरे-धीरे समाज में एक चालाकी पैदा हो रही है इससे कोई अछूता नहीं है, हम लोग भी अछूते नहीं हैं, क्योंकि आम आदमी की बात लिखते-लिखते कई बार हम लोग भी फिसल जाते हैं। हम लोग कई बार किसी अवांछित या अनावश्यक मुद्दों पर हजारों पेज नष्ट कर देते हैं बिना यह सोचे कि उसका क्या इम्पेक्ट होता है।

अल्मा कबूतरी का जिक्र करते हुए मैं यह कहना चाहूँगी कि यह आपराधिक मानी जाने वाली जनजाति, कंजर जाति पर लिखा गया उपन्यास है। लेकिन मैं यह पूछना चाहूँगी कि इसके प्रथम 150 पृष्ठों में जो सरोकार पैदा किये गये क्या वो अगले 200 पृष्ठों में हमें याद रहे? ऐसा क्यों होता है कि इतने महत्त्वपूर्ण मुद्दों पर लिखी गयी एक रचना केवल अपने कुछ गुनगुनाने वाले प्रसंगों के लिए याद की जाती है, समीक्षित की जाती है और चर्चित होती है। मुझे लगता है कि यह लेखिका के प्रति भी अन्याय है। न जाने यह कहाँ से चूक हुई है और अब जब मैंने कभी ऐसे किसी दबे-कुचले वर्ग का ही विशेषण पाया। अभी हाल ही में अजय नावारिया की एक रचना है 'उधर के लोग' जिसमें उन्होंने एक महत्त्वपूर्ण वर्ग जो कि दलित वर्ग का पढ़-लिखकर सरकारी सेवाओं में आया, का उल्लेख किया इसमें कोई शक नहीं कि ये भी एक वर्ग पैदा हुआ है।

लेकिन इसको पढ़ते हुए मुझको लगा कि महत्त्वपूर्ण विषय उठाते हुए भी वे नहीं छोड़ पाये हैं प्रलोभन बीच-बीच में वे अतिरिक्त चटखारा ले सेक्स को ऑब्जेक्ट बनाया है। जैसे कि प्रगति की सारे पढ़े-लिखे नौजवानों ने प्रगति कर ली। दलित वर्ग और उनसे जुड़ी स्त्रियाँ हैं आज भी सुसाइड कर लेती हैं। पति को घर से निकलने

नहीं देती हैं बाहर और भी तमाम तरह के उत्पात करती रहती हैं। देखा जाये तो यह आप महत्त्वपूर्ण प्रश्नों से खिलवाड़ कर रहे हैं। मुझे लगता है कि इस पर हमें सोचने की जरूरत है।

ऐसा नहीं है कि साहित्य की सीमान्तता के मुद्दे पर इसके पहले प्रश्न नहीं उठाया गया है। अमृता नागर ने अपने उपन्यास 'नाचो गाओ गोपाल' उपन्यास लिखा। मेहतर जाति पर और उन्होंने निर्गुणिया ब्राह्मणों को में इसका उल्लेख किया है कि किस प्रकार निर्गुणिया ब्राह्मणी को दिखाया कि कैसे वो शामिल की जाती है जाति में। उन्होंने अपने इस लेख पर काफी शोध किया और फिर लिखा। ऐसा नहीं है कि वो सवर्ण थे और बाकी विषयों पर नहीं लिख सकते थे। ऐसा नहीं है कि इसके लिए उनका अस्पृश्य होना जरूरी है क्योंकि आज भी मैं समझती हूँ कि दलित विमर्श की सैद्धान्तिकी की सारी मुहिम में कम-से-कम 2/3 उस प्रबुद्ध वर्ग द्वारा चलाई जा रही है जो संयोगवश सवर्ण हैं, यह उसकी च्वाइस नहीं है। मैं समझती हूँ कि आज भी अगर यह सुविधा हमें सरकार दे दे तो हममें से न जाने कितने अपना सरनेम लिखना बन्द कर देंगे हम अपने बेटे-बेटियों का विवाह कर देंगे किसी भी जाति, धर्म या विजाति में, अगर यह सुविधा हो। क्योंकि इसमें भी एक शक्ति का केन्द्र पैदा हो रहा है जो कि एक अच्छा संकेत है। आज अगर वंचित वर्ग में एक पढ़ा-लिखा तबका निकल आ रहा है तो यह शुभ संकेत है। लेकिन खतरा बस इतना है कि कहीं यह अपने ही वर्ग के हित चिन्ताओं को नजरअन्दाज न कर दें। क्योंकि सत्ता में जो शामिल हो जाता है उसकी इच्छाएँ भी बढ़ जाती हैं तो इस चीज में उन्हें बचना होगा।

अजय तिवारी जी ने अप्रैल के 'नया ज्ञानोदय' के आलेख में यह मुद्दा उठाते हुए कहा है कि अभी तक जो लिखा गया है दलित वर्ग के बारे में वह सहानुभूतिपरक था जैसे आज महादेवी वर्मा के संस्मरण उठाइए उन्होंने काफी कुछ लिखा है न जाने कहाँ-कहाँ से पात्र उठाये हैं ज्यादातर उनके पात्रों में उनके घर के पीछे रहने वाले नौकर-चाकर होते हैं।

अजय तिवारी ने साफ शब्दों में लिखा है कि आज यह वर्ग सहानुभूति नहीं स्वानुभूति चाहता है और इसी स्वानुभूति के माध्यम से लेखकों की एक जमात निकलकर आ रही है।

ओमप्रकाश वाल्मीकि की एक नयी पुस्तक आयी है राधाकृष्ण प्रकाशन की 'सफाई देवता' जिसमें उन्होंने पूरे आँकड़े देते हुए गोहाना काण्ड का जिक्र किया है। इस संघर्ष की शुरुआत हुई थी फोटोग्राफर की दुकान से जो फोटो खींचने को लेकर कहे गये आपत्तिजनक वाक्यों को लेकर थी जो आगे चलकर वीभत्स रूप अख्तियार कर लिया कई घरों को जलाकर राख कर दिया गया जिससे कइयों की सम्पत्ति जल कर खाक हो गयी।

हमारे यहाँ हिंसा ने जिस तरह का रूप अख्तियार कर लिया है और बर्बरता के तरीके विकसित हो रहे हैं, उसकी समीक्षा किया जाना जरूरी है। इन सबके पीछे कुछ हद तक बाजारवाद भी शामिल है जो विज्ञापनों के माध्यम से दिखाया जाता है। देखा जाये तो पूरा समाज इस समय हाशिए पर है वो सब एक आग से जले हुए समानरूप से हम सब तक उसकी लपट पहुँच रही है क्योंकि हम मान रहे हैं कि कोई हमारे यहाँ महफूज नहीं है।

अजय तिवारी जी के लेख के अनुसार दलितों में एक ऐसा बुद्धिजीवी वर्ग विकसित हुआ जिसमें ऐतिहासिकता, यातना के स्रोतों पर आक्रमण करना, सामाजिक सम्बन्धों की विषमता खत्म करना और दलितों की श्रमिक स्थिति को पहचानकर उसकी मुक्ति से पूरे समाज की मुक्ति को जोड़कर शुरू किया है। कहना चाहिए कि सामन्ती सामाजिक, सांस्कृतिक जीवन में जो दलित थे वे अपनी मानवीय जीवन की आकांक्षा को वाणी देने लगे तो दृश्य बदल गया। राजनीति में बहुजन का आग्रह क्रमशः सर्वजन होने लगा। एक दिन मुझे ऐसा लगता है कि हाशिया पृष्ठ को खा जायेगा। साहित्य में दलित आत्मविश्वास मुक्ति की सम्भावना का रूप लेने लगा है। मैं अम्बेडकर जी की एक बात कहना चाहती हूँ जो उन्होंने गाँधी जी से विदेश से लौटने के बाद सन् 1931 में कही थी कि आप क्या मेरा देश मेरा देश कहते हैं। ऐसा देश किस काम का जहाँ कुत्ते-बिल्लियों को तो जीने का हक है लेकिन हमारे जैसे लोगों को नहीं। उन्होंने कहा कि जब तक हम कहीं भी पानी पीने के लिए स्वतन्त्र नहीं हैं। तब तक मेरी नजर में इस देश, समाज का, जाति का, कोई मायने नहीं हैं। चाक में मैत्रेयी पुष्पा ने लिखा है कि स्कूल में एक बच्चे को नल पर पानी नहीं पीने दिया गया यह अपने आप में भयानक सच्चाई है जो लेखक के सामने आती है। तो हमें हिलाकर रख देती है। एक लेखक के तौर पर हमें इसे रेखांकित करना चाहिए। चित्रा मुद्गल की 'भूख' कहानी में भी एक नन्हे बच्चे का मार्मिक चित्रण किया गया है। जिसमें भिखारन भाड़े पर दस माह के बच्चे को चमाचम दूध की बोतल दिखाते हुए ले जाती है कि वह उसे दूध पिलाकर रखेगी, बिस्कुट खिलाएगी और रोज दो रुपये देगी। गोद का बच्चा काम पर लग गया और घर के लोग खुश हो रहे थे, उधर छोटू को वह औरत भूखा मार देती है, यह भूख एक मारक कहानी है। एक और कहानी समाज सुधार का सच सामने लाती है जगदम्बा बाबू गाँव आ रहे हैं। उसमें बताया गया है कि कैसे विकलांग बच्चों की सहायता लेकर और उसे औरों को दे देते हैं। जो व्यक्ति न बोल सकता है, न चल सकता है, ऐसे निरीह व्यक्तियों की सेवा में भ्रष्टाचार घुसा है।

अम्बेडकर ने आज से 88 साल पहले जो बात विदेश से आकर कही थी वो आज भी समाज में कायम है। आज भी नाई बाल नहीं काटता क्योंकि सामने वाला व्यक्ति अस्पृश्य है। ऑफिस में फाइल पटककर दी जाती है। साहित्य में इस समय

जो कुछ भी चल रहा है उसमें मन्नू भण्डारी की 'महाभोज' का बहुत बड़ा रोल है। दलितों पर होने वाले अत्याचार तथा राजनीतिक हलकों में उसका दुरुपयोग, शोषण और अन्याय का भी कोई दुरुपयोग कर ले तो ऐसे शातिर दिमाग के लोगों का क्या कहना। इन सबका मन्नू ने अपने किताब में जिक्र किया है और इसके बाद से ही इन विषयों पर काफी चीजें निकलकर सामने आयीं।

चेतना जगाने का काम कलम से किया जाना चाहिए, लेकिन वो इस रूप में हो जो लोग पढ़ें। आज यह अच्छी बात है कि सवर्ण और अवर्ण दोनों इस कार्य को कर रहे हैं।

अगर हमारे देश में यूनिफार्म कोड लागू कर दिया जाये तो इससे जो भला होता है वो समाज के हित में है क्योंकि हम जात-पात के बन्धनों से मुक्त हो जायेंगे। जैसे शॉपिंग मॉल्स में यूनिफार्म में कोई आपको आइडेन्टीफाई नहीं कर पाता वो आप की जाति क्या है।

मायावती जैसी महिला सरनेम हटाने जैसा बीड़ा उठा ले तो इससे समाज को लाभ होगा। क्योंकि हमारा मकसद समाज को और अपने आप को शिक्षित करना है लेकिन इन सबके बीच अगर हम जातिगत समस्याओं में उलझे रहेंगे तो देश का विकास सम्भव नहीं हो पायेगा। मुझे लगता है कि गोविन्द बल्लभ पन्त सामाजिक विज्ञान संस्थान इस दिशा में सार्थक पहल कर चुका है। मैं बहुत आभारी हूँ कि दलित संसाधन केन्द्र ने मुझे यह अवसर प्रदान किया। धन्यवाद!

मैत्रेयी पुष्पा

आदरणीय मैनेजर पाण्डेय और ममता कालिया जी, इसके अलावा मेरे सामने श्रोता के रूप में बैठे विद्वतजन!

सच मानिए, बोलना तो मैं सीमान्त के साहित्य पर चाहती थी और बताना चाहती कि उस क्षेत्र को साहित्य में लाना कितनी जरूरी है या साहित्य को वहाँ तक ले जाना साहित्यिक लोकतन्त्र का कर्त्तव्य है। लेकिन अब तो बात भटक गयी। आदरणीय ममता कालिया ने मेरे सामने वही सवाल रख दिया, जो मेरे लिए लगभग हर साहित्यिक गोष्ठी में तैयार रहता है। ममता जी हमारी वरिष्ठ रचनाकार हैं। यदि मैं उनके बीच भाषण से उठे सवालों को नजरअंदाज करके विषय पर आ जाऊँ तो यह मेरी धृष्टता होगी। खैर, झूँसी स्थित इस सभागार में भी मुझे वही बताना होगा, जो जगह-जगह साहित्यकारों को बताना होता है।

मुझे ताज्जुब है कि साहित्यकार होने का पुरजोर दावा करने वाले स्त्री-यौनिकता के बारे में मुझसे भिन्न मत तो रखते हैं तो अपने मत क्यों पेश नहीं करते। आश्चर्य इस बात पर भी है कि नैतिकता का दायरा अर्थ वे यौनि-शुचिता मानते हैं। क्या यह नहीं सोचते कि इस तरह नैतिकता का आप संकुचित करते चले जा रहे हैं? हिंसा, भ्रष्टाचार, कत्ल और बेईमानी आखिर क्या है?

चलिए आपकी नैतिकता का मतलब यौनि-शुचिता ही सही, लेकिन इसके लिए भी तो स्थितियाँ—सामाजिक, सांस्कृतिक और राजनैतिक के साथ प्रशासनिक—माहौल और खाइयाँ देखना होगा। या परिस्थितियों पर बिना गौर किये ही आप फतवे देते रहेंगे। साहित्य हँसी खेल नहीं है और न यहाँ किसी की तानाशाही चलती है। मैंने जो कुछ लिखा है, यह मानकर दर्ज किया कि साहित्य के लोकतन्त्र में उन नागरिकों का पशुवत् जीवन जरूर रेखांकित होना चाहिए, जिन्हें ऊँचे और सभ्य माने जाने वाले समाज के लोग ही नहीं, गाँवों में रहने वाले किसान भी अपना शिकार समझते हैं। शराब के लाइसेंसशुदा ठेकेदार उन पर पुलिस के साथ मिलकर जुल्म ढाते हैं। वे 'जन्मजात अपराधी' की अलिखित चिप्पी अपने माथे पर चिपकाए हुए या तो जंगलों में, या पहाड़ों की ये खोह खाइयों में भटकते हैं, या आये दिन जेलों

में ठूँस दिये जाते हैं। मौधिया कबूतरा, सांसी पारदी, कलन्दर जैसे घुमन्तू जातियों के पास क्या है? न अपनी जमीन न जंगल और न जल। उनको मजदूरी देने में लोग हिचकते हैं क्योंकि इस धारणा का तोड़ नहीं कि चोर का बेटा चोर और अपराधी का बेटा अपराधी। 'जन्मजात अपराधी' यह एक जाति बन गयी, एक वर्ग बना दिया गया है, उनके द्वारा जो सामाजिक और प्रशासनिक तौर पर देश में राज करते हैं। मुझे लगा कि इन लोगों के लिए न देश स्वतन्त्र हुआ, न इन्हें नागरिकता मिली। ये पन्नाधाय के बेटे-बेटी हैं, जिन्हें अपने शासकों के लिए मरना और तबाह होना है। यही इनकी जिन्दगी का उपयोग है। समाज को यही रास आ रहा है।

अब जरा इनकी औरतों के जीवन का भी नजारा देख लीजिए क्योंकि इन कबूतरियों (जन्मजाति अपराधी कबूतराओं की स्त्रियाँ) पर साहित्यिक आकाओं और धुरन्धर रचनाकारों ने सामाजिक मर्यादा तोड़ने का गुनाह जारी किया है। यदि अपने गुनाह को कबूल करती हुई कोई कबूतरी ही आप से चन्द सवाल करे, तो इतनी कृपा अवश्य करें कि जवाब दे दें, उनको रास्ता भी बता दें और यह भी रेखांकित करें कि उनका कौन-सा कर्म कुकर्म है?

सबसे पहले तो जल-जमीन से वंचित लोग, मजदूरी के लिए बहिष्कृत लोग अपनी रोजी-रोटी कैसे चलाएँ? अंग्रेजों ने उन्हें क्रिमिनल ट्राईव कहा, अपने रजिस्टरों में लिखा। वे चले गये, कागज भी नष्ट हो गये, लेकिन समाज का नफरत भरा संस्कार अभी भी बाकायदा अपना काम कर रहा है।

जल-जमीन और मजदूरी से वंचित कबूतरा अगर पेट भरने के लिए खेतों में से बाल काट ले जाता है, खलिहानों में से अन्न चुराता है तो वह सजा पाता है। उसका कोई भी काम गैर कानूनी है, यहाँ तक कि गाँवों के रास्तों पर चलना, खेतों की मेड़ों से निकलना अपराध है।

रह जाती हैं स्त्रियाँ। उनको अपना तथा अपने बच्चों का पालन-पोषण करना पड़ता है क्या है साधन? शराब बनाना, लाइसेंस नहीं दिया जाता तो इस अवैध कौम के सारे रोजगार अवैध ही होते हैं।

कबूतरियाँ वेश्या नहीं हैं, लेकिन उनको आम रास्ते से निकलने का टोल टैक्स अपनी देह को खेत में बिछाकर किसान को खुश करने के लिए अक्सर देना पड़ता है। पुलिस थानों में उनकी अवैध शराब और कच्चे शरीरों की खासी माँग बनी रहती है। कबूतरा के जुर्म में फँसने और उस पर केस चलने के दौरान वकीलों की फीस कहाँ से आये, आप ही बतायें?

सारा हाल सुनाना, मिले सीमित समय में सम्भव न हो पायेगा। बस आप इतना बता दें कि इस हालत में उनको किसने पहुँचाया है? क्या यह उन पर जुल्म नहीं कि हम उनसे यौनि-शुचिता की उम्मीद करें, जो हमारे ही भाई-भतीजों की ऐय्याशी की शिकार है। आप रोटी नहीं दे सकते, कपड़ा मुहैया नहीं करा सकते, सिर

पर छत का कोई हीला नहीं। उनके हाथ-पाँवों और प्राकृतिक साहस को निजी स्वार्थ में अपराधों के लिए इस्तेमाल करते हैं। सब तरह के तबाह और कंगाल बनाकर औरतों से पूछते हैं तुम मर्यादा में क्यों नहीं रहती? तुम चरित्रहीन क्यों हो? तुम समाज में गन्दगी फैला रही हो। पुरुषों को गलत रास्ते पर ले जा रही हो?

कोई नहीं पूछता कि तुम्हारे दुख-दर्द क्या हैं? तुम कितने दिनों से भूखी हो? तुम्हारे आदमी कहाँ गये? तुम्हारी कौम में बच्चे बरसों बाद क्यों होते हैं? तुम्हारी नस्ल का आगे क्या होगा? हमारे यहाँ बाघ, चीता, भालू, बन्दर, हाथी जैसे पशुओं की नस्ल के बारे में राष्ट्रीय चिन्ताएँ हैं, मगर इन विमुक्त जाति के बारे में बस इतना सोचा जाता है कि इनके आदमी कज्जाओं (समाज का आदमी) के काम आये और औरतें इन कज्जाओं की काम-क्रीड़ाओं में इस्तेमाल हो।

क्या ये मनुष्य नहीं हैं? भूख, नींद, भय और मैथुन की इच्छा भी इनसे आपने छीन ली है। यह अधिकार आपको किसने दिया? सच में मुझे साहित्य जगत से ऐसी उम्मीद नहीं थी कि यहाँ भी इन खदेड़े भगाये जाने वाले लोगों की स्त्रियों से बदसलूकी होगी। 'यत्र नार्यस्तु पूज्यते, रमन्ते तत्र देवता' की दुहाई देने वाले किस नारी को पूजते हैं? किसी को नहीं, वे केवल पत्थर की देवी को पूजते हैं, जो अपने आप हिल-डुल तक नहीं सकती। 'अल्मा-कबूतरी' उपन्यास में मैं ऐसी निष्क्रिय और पथरीली स्त्री पात्र नहीं दे सकी, जो आपके इशारों पर जहाँ चाहे धर दी जाये। कदमबाई भले कितने ही अभावों और जुल्मों की शिकार है, मगर इस बीस साला स्त्री में नैसर्गिक इच्छाएँ जिन्दा हैं। यदि आंकाक्षाएँ ही खत्म हो जाती तो वह लड़ती कैसे? सोचती भी कैसे? आपके जवाब में वह सम्पूर्ण स्त्री के रूप में खड़ी है, जो मम्दा भी है और माँ बनने की इच्छुक भी। जो पत्नी भी है, मगर प्रेमिका भी। जो माँ भी है और सामाजिक सिपाही भी। ऐसी स्त्री को देखकर आप भौचक्क रह जाते हैं क्योंकि तथाकथित सभ्य समाज में अपनी यौनिकता को दबाकर कहीं तक नकार कर और औरत नहीं रहती, आपकी गुलाम होती चली जाती है क्योंकि उसने अपनी नस्ल को ही कील दिया है।

हाँ, बेशक आपकी नैतिकता में न कदमबाई कबूतरी आये न अल्मा। अल्मा ने क्या अपराध किया? यही कि उसने अपने मंगेतर किशोर राजा को सेक्स के बारे में ठीक-ठीक बता दिया। कमाल है, लोग इसी पर भड़क गये। मुझे बार-बार कठघरे में खड़ा करते हैं। बार-बार इसी तरह पूछते हैं, कि कदमबाई के बलात्कार के समय कैसे क्या हुआ था? संघर्ष हुआ था या...?7

मैं क्या बताऊँ, पढ़ा है आपने। अब और क्या चाहते हैं? आप वह बिलकुल नहीं चाहते जो मैं कहना चाहती हूँ। आपकी नैतिकता, यौनिशुचिता और सामाजिक पवित्रता आखिर कितनी जल्लाद किस्म की है कि औरत की जानलेवा स्थितियाँ नहीं देखती, अपने फरमान जारी करती है। क्या यौनिशुचिता जिन्दगी से भी बड़ी है? बड़े

समाज की औरतों को यह कौन बताये कि वे अपने पुरुष फैसलों से डर रही हैं। इसीलिए उनके गले में आपकी ही आवाज है। जो मुखिया है, उन्हीं का एजेण्डा आगे चलाने की खातिर मुझसे सिर्फ और सिर्फ यौनिकता पर सवाल किये जाते हैं। मेरे विचारों को स्त्री-विमर्श से हटाकर नये शब्द-युग्म 'देह-विमर्श' से जोड़ा जाता है कितना अश्लील आनन्द आता है लोगों को, एकदम सैडेस्टिक प्लैजर की तरह... यह वही रोम है, जहाँ गुलामों को लड़ाकर उनकी मौत का पीड़ादायी आनन्द लिया जाता था। क्या मानूँ यही कि When in Rome, do as Romans do?

राजाराम भादू

वैचारिक गद्य लेखन दो तरह की उत्प्रेरणाओं से उद्‌भूत होता है। एक तो लेखक की स्व-प्रेरणा है जिसमें वह लेखन के मुद्‌दे, विषयवस्तु और प्राथमिकताएँ तय करता है। बेशक इसमें समकालीन सृजन परिदृश्य इसकी परिघटनाएँ और प्रासंगिक स्थितियाँ लिखने की पृष्ठभूमि में होती है। जिस दूसरी उत्प्रेरणा का उल्लेख किया गया, वह सामान्यतः अन्यत्र से लिखने के मिले प्रस्ताव होते हैं। इनमें मुख्य भूमिका पत्रिका सम्पादकों, संगोष्ठी व सेमिनारों के आयोजकों की होती है और लिखने के लिए विषय भी सामान्यतः इन्हीं लोगों की ओर से प्रस्तावित किये जाते हैं। जाहिर है कि इसमें लेखक को प्रदत्त मुद्‌दे, विषय-क्षेत्र के इर्द-गिर्द प्रतिक्रिया करनी होती है। लेखन के मुद्‌दे, विषय क्षेत्रों के निर्धारण के पीछे कुछ समसामयिक कारक होते हैं। इधर ऐसे उपक्रमों को लेकर शिकायत की जाती है और बहुधा इन्हें व्यर्थ या अप्रासंगिक ठहराने की कोशिश की जाती है। इस सन्दर्भ में यही कहा जा सकता है कि इन उपक्रमों क सार्थकता सम्बन्धित सम्पादकों, आयोजकों की अन्तर्दृष्टि और चिन्तन पर निर्भर करती है।

क्या प्रदत्त मुद्‌दों, विषय क्षेत्रों पर लेखन, लेखकीय स्वतन्त्र के विरुद्ध हैं? इस सवाल का उत्तर भी लेखक पर ही निर्भर करता है। वह प्रस्तावित मुद्‌दे, विषय क्षेत्र पर यदि अपनी प्रतिक्रिया स्वतन्त्र रूप से व्यक्त करता है तो इसमें क्या समस्या हो सकती है। वैचारिक लेखन अन्ततः एक सामूहिक चिन्तन प्रक्रिया से सम्बद्ध होता है। ऐसी स्थिति में समसामयिक विचार सारणियों में संवाद और प्रतिक्रियाएँ स्वाभाविक हैं। इस प्रक्रिया में सजग सम्पादकों और दृष्टिवान आयोजकों ने ऐतिहासिक भूमिका अदा की है।

ऐसे उपक्रम खुद लेखक के लिए भी अपनी विचार प्रक्रिया पर पुनर्विचार और विश्लेषण के अवसर होते हैं। यह प्रस्तावना इसलिए दी गयी है कि यहाँ भी एक प्रदत्त विषय पर विचार किया जा रहा है। 'साहित्य की सीमान्तता एवं सीमान्तता पर साहित्य', शीर्षक यह विषय अर्थ बहुल और चुनौती पूर्ण है। इस विषय पर विचार से पहले शीर्षक को लेकर सोच-विचार जरूरी लगता है। शीर्षक में दो पद

हैं—'साहित्य की सीमान्तता' और 'सीमान्त पर साहित्य'। साहित्य की सीमान्तता के क्या मायने हैं— साहित्य की सीमाएँ, सीमा रेखाएँ अथवा साहित्य का क्षितिज जहाँ समाप्त हो रहा है वह सीमान्त। सीमान्तता यहाँ कहीं खोए हुए क्षितिज के आस-पास है। या फिर हम साहित्य के दायरे अथवा पहुँच की बात कर रहे हैं।

साहित्य सृजन की प्रमुख विधाओं में से एक है और सृजन प्रक्रिया की महत्ता को लेकर अनेक सुभाषित प्रचलित हैं। इनमें से कोई भी सृजन की परिधि निश्चित करने की बात नहीं करता। सृजन सीमाओं से परे है और इसे बाँधने के लिए अगर कोई परिधि निर्मित भी की जाती है तो यह स्वतःस्फूर्त तरीके से उनका अतिक्रमण कर देता है। सृजन मूलतः कल्पना प्रस्यूत है और कल्पना की उड़ान असीम है। इन धारणाओं के क्या निहितार्थ हैं?

इसे ठोस रूप में समझने की कोशिश करें तो मूर्त रूप से साहित्य के फिर वही पहलू सामने आते हैं जिन पर हम बार-बार वाद-विवाद संवाद करते रहे हैं। अर्थात् कृति की अन्तर्वस्तु का क्षेत्र साहित्य की विषयवस्तु का विस्तार। असल में सीमाओं का सम्बन्ध सृजन को लेकर हमारे सोच से सन्दर्भित है। ठोस सवाल यही है कि हमारे समय का साहित्य जीवन के मौजूदा यथार्थ का कितना और कैसे कलात्मक सृजन में रूपान्तरित कर रहा है।

अब शीर्षक के दूसरे पद पर विचार करते हैं। 'सीमान्त पर साहित्य' का एक अभिप्राय तो यही हो सकता है कि जो साहित्य सीमा रेखा पर केन्द्रित है। प्रश्न यह है कि यह सीमा रेखा साहित्य की है या जीवन की और इसके परे क्या है? क्या इसके दूसरी ओर कोई 'डार्क जोन' या 'ब्लैक होल' है।

क्या हम साहित्य के युग की समाप्ति से आशंकित तो नहीं हैं? इधर जब प्रदर्शनकारी कलाएँ और दृश्य माध्यम अपने जबर्दस्त उभार पर हैं, साहित्य लगातार वर्तमान से पृष्ठभूमि में जाता नजर आ रहा है। ऐसे में साहित्य के भविष्य को लेकर विचार करना अप्रासंगिक तो नहीं है। इस मामले में भी सुभाषितों की कमी नहीं है। साहित्य को कलाओं में सबसे संश्लिष्ट और दीर्घजीवी माना जाता है। इसमें हमारा मनोजगत, मूल्य प्रणाली और व्यवहार बड़ी शिद्दत से दर्ज होता रहा है और यह हर युग में अपने निहितार्थों को नवीकृत करता रहा है।

सीमान्त पर साहित्य का ठोस मतलब भी शायद हाशिए का साहित्य ही हो सकता है। ऐसा साहित्य जिसमें मनुष्य समाज के हाशिए पर धकेले गये जन समुदायों के जीवन का चित्रण हुआ है। अन्य कलाओं की तरह नया साहित्य अभी तक अव्यक्त को अभिव्यक्ति प्रदान करता है। सदियों से मौन की संस्कृति ने जीते चले आ रहे लोग साहित्य से अपनी आवाज बनने की आकांक्षा रखते हैं।

साहित्य की अवस्थिति देश और काल की द्वन्द्वात्मकता के मध्य हैं हालाँकि यह अवस्थिति स्थिर नहीं बल्कि गत्यात्मक और अन्तर्क्रियाशील है। इसलिए साहित्य

की विभिन्न विधाओं में परिवर्तन आते रहे हैं। इसे मानवीय सृजनशीलता के नैरन्तर्य और उसकी विकासमान प्रक्रिया के रूप में समझा जा सकता है। इसी प्रक्रिया के चलते साहित्य का ऊर्ध्वगामी और क्षैतजिक विस्तार हुआ है। किसी भी कला में सीमान्तता की अवधारणा काम नहीं कर सकती। जब हम सोचने लगते हैं कि अब अमुक कला विधा में ठहराव आ गया है, तभी उसमें प्रस्फुटित हुआ कोई नवोन्मेष हमें चकित कर देता है।

साहित्य की शिल्प और अन्तर्वस्तु के द्वन्द्व को यहाँ दोहराना आवश्यक है। इस द्वन्द्वात्मकता को लेकर अभी कुछ लोग असहमति जाहिर कर सकते हैं। लेकिन ऐतिहासिक क्रम में विभिन्न साहित्यिक विधाओं का वजूद में आना और अब परिदृश्य में अपनी जीवन्त उपस्थिति ग्रहण करना अपने आप में इस द्वन्द्वात्मकता का प्रमाण है। कहना न होगा कि इस द्वन्द्व की परिणति कुल मिलाकर सकारात्मक और गुणात्मक होती है।

द्वितीय विश्वयुद्ध के बाद यूरोप में जिस तरह का साहित्य सामने आया, उसकी पहले कोई कल्पना भी नहीं कर सकता था। मानवीय संवेदनाशीलता और सौन्दर्यबोध में आये इस बदलाव को साफ लक्षित किया जा सकता है। इसमें यथार्थ के भयावह और हिला देने वाले चित्र हैं तो दूसरी ओर मनुष्य के भीतर की उन कन्दराओं की यात्रा है जिनकी ओर पहले कभी झाँका तक नहीं गया था। यह देशकाल, विचार और सृजन की द्वन्द्वात्मकता का कलात्मक प्रतिफलन है।

इसका एक निष्कर्ष यह है कि हमारे सौन्दर्य़ चिन्तन और संवेदना में भी गुणात्मक परिवर्तन आते रहे हैं। लेकिन साहित्य बल्कि कोई भी कला अपने समय और समाज की प्रचलित मूल्य-मान्यताओं का सहजता से अनुगमन नहीं करती। वह उन्हें प्रश्नित करती है और आवश्यकता होने पर उनका प्रतिपक्ष रचती है। ये कलाएँ ही हैं जिन्होंने कई दौर के समाजों में स्थापित वैधानिक-नैतिक विधानों को चुनौती दी है और इस चुनौती के असर व अनुगूँजें शताब्दियों तक कायम रहे हैं। कला द्वारा काल का यही अतिक्रमण इसे पत्रकारिता से पृथक् करता है। अतीत की पत्रकारिता का भविष्य के इतिहास और समाज विज्ञान के लिए उपयोग होता है। लेकिन ये अनुशासन पत्रकारिता की सन्दर्भित विषयवस्तु को तथ्य व सूचनाओं (डाटा) के तौर पर बरतते हैं। निश्चय ही ये अतीत के साहित्य को एक स्तर पर स्रोत सामग्री के तौर पर देखते हैं। किन्तु दूसरे स्तर पर वे इसके जरिए तत्कालीन समय और सामाजिकी के विश्लेषण की दृष्टि भी उसी से अर्जित करते हैं।

यदि साहित्य के भविष्य को बाजार फल के नजरिए से देखा जायेगा तो उसके लिए बहुत आश्वस्तिकारी चीजें नजर नहीं आयेंगी। बाजार के लाभ-हानि और चढ़ते उतरते सेंसेक्स के गणित से यह शायद ही अपना कोई रिश्ता बना पायें। इसमें दृश्य विधाओं जैसा ग्लैमर भी पैदा कर पाना मुश्किल है। किन्तु मनुष्यता की आह और

आकांक्षाओं की जैसी अभिव्यक्ति इसमें सम्भव है, उसके चलते इसका भविष्य भी मानवता के अस्तित्व तक उज्ज्वल है। बल्कि कहना चाहिए, सभी कलाएँ किंचित् उतार-चढ़ावों के साथ अपनी अहमियता कायम रखेंगी।

हम कला विधाओं की विशिष्ट प्रकृति, स्वरूप और सम्भावनाओं की बात करते रहे हैं। इनकी सापेक्ष स्वायत्तता को भी समझते हैं। लेकिन वस्तु यथार्थ में किसी बड़े परिवर्तन को देखकर ऐसा लगता है कि हम अपना विश्वास खो देते हैं और अतिरेकों में सोचने लगते हैं। जबकि संक्रमण के हर दौर में हमें कला विशेष की प्रकृति, स्वरूप और सम्भावना को लेकर विचार करने की जरूरत है। इसी से वक्त की चुनौती को सम्बोधित करने और पारम्परिक परिधियों का अतिक्रमण करने के लिए रास्ता बनेगा। मसलन दृश्य माध्यमों ने आज जो चुनौती साहित्य के समक्ष उपस्थित की है, उसके चलते विचारणीय मुद्दा यह है कि साहित्य सृजन में ऐसे विशिष्ट पहलू उद्घाटित हो, जहाँ दृश्य माध्यमों की गति नहीं है। दूसरी ओर दृश्य माध्यमों से प्रसारित होने वाले कार्यक्रमों से यह आम शिकायत है कि वे सामान्य जन की संवेदनाओं को भोंथरा कर रहे हैं। साहित्य कैसे उन लोगों की संवेदना का परिष्कार कर सकता है, यह सोचने का विषय है।

कथ्य के लिहाज से देखें तो हिन्दी साहित्य में महिला, दलित और आदिवासियों को लेकर सृजन की नयी धाराएँ सामने आयी हैं। इनमें हिन्दी साहित्य की मुख्यधारा का विस्तार हुआ है। यह इसलिए कह रहे हैं कि अब इन्हें कोई हाशिए की धारा नहीं कहता। लेकिन यह कैसी विडम्बना है कि इससे पूर्व हिन्दी साहित्य की तथाकथित मुख्यधारा (प्रगतिशील जनवादी आन्दोलन) में स्थापित मजदूर और किसानों की जीवन कथाएँ हाशिए पर चली गयी। उस दौर में संगठित क्षेत्र के मजदूर ही नहीं बल्कि असंगठित क्षेत्र के श्रमिक साहित्य की विषयवस्तु तो बने थे लेकिन इनकी प्रस्तुति को लेकर साहित्य प्रेमियों से अक्सर शिकायतें सुनने को मिलती थी। ऐसी कृतियाँ सतही और इनके चित्रण एकायामी कहकर कई बार खारिज कर दिये जाते थे। इसे स्वीकार करना चाहिए कि निम्नवर्ग के यथार्थ का प्रामाणिक और प्रभावी चित्रण उनमें नहीं हो पाया था। जयवंत दलवी की मराठी कृति 'धुन लगी बस्तियाँ' को याद करके इस सपाट से वक्तव्य पर विचार किया जा सकता है। इस यथार्थवादी लेखन से एक शिकायत यह थी कि इसमें बाध्य जगत का चित्रण तो फिर भी ठीक-ठाक हो जाता है लेकिन मनुष्य के मनोजगत की अभिव्यक्ति सन्तोषप्रद नहीं होती।

हाल के सृजन उभारों में हम इस मामले में उल्लेखनीय उपलब्धियाँ देख सकते हैं। निर्मला पुत्तुल की कविताओं या बेबी हालदार के जीवन वृत्तान्त में वैयक्तिक अनुभूति और चेतना यात्रा समानान्तर चलती है। दलित आत्मकथाओं में भी उनके आभ्यांतर जगत की अनुभूतियों से हमारा साक्षात्कार होता है। इस क्रम में

सह-अनुभूति बनाम स्वानुभूति की बहस को भिन्न तरह देखने की आवश्यकता है। जिस पिछले दौर की हमने चर्चा की, वह सह अनुभूति से परिचालित था। इस दौर में पीड़ित ही अपनी त्रासद कथा को जुबान देने लगा है। कहना यह है कि सह-अनुभूति बनाम स्वानुभूति की ओर प्रस्थान को सृजन के सीमातिक्रमण का प्रतिफलन मानना चाहिए। ऐसा नहीं है कि इसमें अनुभूति की प्रक्रिया और बनावट पर कोई गुणात्मक प्रभाव नहीं होता।

साहित्यिक विमर्शों के प्रसंग में एक और पक्ष की ओर ध्यान दिया जाना चाहिए। स्त्री, दलित या आदिवासी श्रेणियाँ एकरूप और संगतिपूर्ण नहीं है। दलितों में सैकड़ों जाति समुदाय हैं और इनमें आन्तरिक विषमताएँ और विभेद हैं। आदिवासियों में ऐसे समुदाय हैं जो परस्पर विपरीत ही नहीं बल्कि द्वन्द्वरत भी हैं। स्त्रियों में वर्ण और जाति विभाजन हैं और शोषण की भिन्न डिग्रियाँ हैं। अभी तक साहित्य में ये अन्तर्विरोध उजागर नहीं हुए हैं।

भूमण्डलीकरण और नयी आर्थिक नीतियों के चलते एक नया सम्पत्तिशास्त्र रचा गया है। राज्य सत्ता की रीति-नीतियाँ इसी नये शास्त्र से परिचालित हो रही हैं। इसके चलते देश के विभिन्न राज्यों से कृषक और आदिवासी खदेड़े जा रहे हैं। दूसरी ओर रोजी-रोटी की टोह में शहरों की परिधियों पर नाटकीय जीवन गुजारने वाले पलायन करके आये लोगों को शहरी नवीनीकरण के नाम पर वहाँ से उजाड़ा जा रहा है। ऐसा नहीं लगता कि कथित विकास का यह बुलडोजर रुकने वाला है। विस्थापना और बरबादी की त्रासदी झेलने वाले सबाल्टर्न अपनी तरह से पराजित प्रतिरोध कर रहे हैं। वे सब अपने वृत्तान्त नहीं लिख सकते। यह काम सांस्कृतिक हरावल दस्तों को करना है। इस क्रम में रचा सभी साहित्य उत्कृष्ट हो, यह आवश्यक नहीं है। इसमें कुछ साहित्य होगा तो बाकी सृजन समाजशास्त्रीय विश्लेषणों के लिए महत्त्वपूर्ण सामग्री का काम करेगा। यानी कि व्यर्थ कुछ भी नहीं होगा। इसके संघर्ष और त्रासद अस्तित्व से हमारा कितना तादात्म्य है, हमारी प्राथमिकताओं में इनकी कथाएँ कहाँ आती हैं और हमारे अन्दाजेबयाँ कैसे हैं—सीमान्त पर साहित्य कुछ ऐसे प्रश्नों के सहारे ही टिका होगा। कोई उत्कृष्ट कृति सोचकर नहीं लिखी जाती, यह सर्जक और समय की द्वन्द्वात्मकता से जन्म लेती है और उसी में अपना अर्थ पाती है।

कँवल भारती

बाबा साहब का या उनसे सम्बन्धित कुछ भी मुख्यधारा से नहीं आ रहा है, वो दलितों के बीच से आ रहा है और यह कोई हाशिए का साहित्य नहीं है। अब हमको हाशिए पर डाले हुए हैं और हमें इसे बन्द करना होगा। डॉ. अम्बेडकर ने कहा था हिन्दू सभ्यता के बारे में किन वर्गों को जन्म दिया है? एक तो दलित वर्ग को जन्म दिया है, अछूत जातियों को जन्म दिया अपराधशील जातियों को जन्म दिया और आदिवासी जाति को जन्म दिया। बाबा साहब अम्बेडकर ने कहा था कि इन तीन जातियों की जो स्थिति आज है उसके लिए कौन जिम्मेदार है? अंग्रेज नहीं हिन्दू सभ्यता जिम्मेदार है। अगर मैं देखूँ तो कुएँ से पानी भरने के लिए अंग्रेजों ने प्रतिबन्धित नहीं किया था। मरे हुए का खाल निकालने का हुक्म अंग्रेजों ने नहीं दिया था आदिवासियों को जंगल में छिपने पर मजबूर अंग्रेजों ने नहीं किया था हिन्दू व्यवस्था ने किया था इसलिए पूरा का पूरा राष्ट्रीय आन्दोलन 1857 का दलित एवं आदिवासी समुदाय अंग्रेजों के साथ-साथ अपने अधिकारों के लिए लड़ रहा था। हम देखते हैं ज्योतिबा फुले से अम्बेडकर तक जो सवाल था देश के अन्दर की गुलामी से तो हम जूझ ही रहे हैं, हम अंग्रेजों से क्यों लड़ें। हम उस अंग्रेजी साम्राज्यवाद से क्यों लड़ें? वो हमारे लिए उतनी खतरनाक नहीं है जितना की यहाँ का ब्राह्मणवाद है। उन्होंने कहा कि इस देश से अगर अंग्रेज चले जायेंगे तो देश का क्या होगा? यह सही है कि एक देश को कोई दूसरा देश गुलाम नहीं बना सकता लेकिन यह भी ठीक नहीं है कि किसी जाति को कोई दूसरी जाति अपना गुलाम बनाये। सवाल यह नहीं है कि स्वराज कैसे आये सवाल यह है कि स्वराज किसके हाथों में आयेगा। घुमन्तू जातियों के लिए इस समय उत्तर प्रदेश में केवल दो स्कूल चल रहे हैं एक रामपुर में चल रहा है। वह भी स्कूल ऐसे चला रहे हैं कि पूरे साल उनको कभी खाना नहीं मिल रहा है तो कभी कपड़ा नहीं मिल रहा। और मैं स्वयं इसके सुधार से जुड़ा हुआ हूँ। जब वहाँ दाखिले होते हैं तो पूरे उ. प्र. से जहाँ-जहाँ ऐसी जातियाँ हैं वहाँ से वो अपने बच्चों को लेकर आते हैं और बाकायदा उनके एडमिशन होते हैं। हमारी जितनी क्षमता होती है उससे ज्यादा बच्चे हो जाते हैं। यह परिवर्तन आया है। जैसा

कि मैत्रेयी पुष्पा जी ने कहा कि शराब पीना, धन्धा करना वो भी चल रहा है लेकिन अब कम है। उनके घर के बच्चे अब पढ़ रहे हैं वो इसको खत्म करने के लिए आगे बढ़ रहे हैं। ममता जी ने बहुत अच्छी बात कही कि पितृसत्तात्मक व्यवस्था है और जब तक यह खत्म नहीं होगी आर्थिक और सामाजिक प्रगति नहीं होगी जैसा कि अम्बेडकर जी ने कहा था। शास्त्र व्यवस्था केवल मंचों पर भाषण देने से दूर नहीं होगी। आज पूरा समाजवादी आन्दोलन हाशिए पर है दलित साहित्य की तो बात ही छोड़ दीजिए। मैं कहना चाहता हूँ कि अगर आप चाहते हैं कि देश के अन्दर नयी व्यवस्था आये यह हाशिए के लोग मुख्यधारा में आयें और एक क्रान्तिकारी समाज बने तो आप सब लोगों को सोशल एक्टिविस्ट बनना होगा नौकरियाँ छोड़िए अपनी। आइए मेरे साथ मेरे नेतृत्व में आइए आप। सरकार हिल जायेगी। नौकरियाँ छोड़ नहीं सकते आप। सत्ता छोड़ नहीं सकते। कुछ नहीं कर सकते आप। कहानियों या उपन्यासों से क्रान्तियाँ नहीं आती हैं। घुमन्तू जातियों ने अल्मा कबूतरी नहीं पढ़ी होगी हम पढ़ते हैं खरीद करके, लेकिन जिस समाज के लिए लिखते हैं वो नहीं पढ़ता। उसके लिए हमें उनके पास जाना पड़ेगा। आज भी मैं समझता हूँ कि कुछ लेखक की जरूरत है। आइए हमारे साथ। इस देश को बदलने के लिए साहित्यकारों की भूमिका बहुत महत्त्वपूर्ण है। यदि आप ईमानदारी से इस देश को बदलना चाहते हैं।

निर्मला पुत्तुल

यह तय है कि जन्म लिया है तो मरना भी पड़ेगा और सांसारिक जीवन को तय करना पड़ेगा। कल तक हम साहित्य की बात कर रहे थे कि अपना साहित्य हमने खुद नहीं लिखा दूसरों के द्वारा लिखा गया था और लिखा जा रहा है और अब छिटपुट ढंग से हम अपनी बातों को, दुखों को बयाँ कर रहे हैं। हम आदिवासी के योगदान की बात करें तो हम देखेंगे कि जिन्हें हम अपना जननायक मानते हैं उनके बारे में जब यह कहा जा सकता है कि वो कुछ नहीं थे एक लुच्चा, लम्पट थे विश्वविद्यालय में ऐसा पढ़ाते हैं। फिर मुझसे भी लोग कहते हैं कि साहित्य रचती हो बहुत बड़ी कवयित्री बन गयी हो कितनी डिग्री है तुम्हारे पास? अब भूख और दर्द से डिग्री का क्या ताल्लुक है? क्या अपनी बातों को मैं रख नहीं पाऊँगा। इस तरह के कई सवाल आते हैं। आज जितना भी साहित्य लिखा गया है आदिवासियों पर या दलितों पर जिन पर सवर्णों का कब्जा रहा उन्होंने जैसे देखा ए. सी. में बैठ करके, राउण्ड टेबल पर बैठ करके जो आदिवासियों के गाँव में कल्पनाओं में गये वो अपने हिसाब से लिखते हैं। यह अच्छी बात है कि काफी अर्से के बाद अब ये खुद कलम चला रहे हैं चीजों को समझ रहे हैं। कुछ चीजें आ रही हैं। जब वे मुखर रूप से आ रही हैं तो काफी तेवर के साथ आ रही हैं और उसमें नयापन आ रहा है क्योंकि वे स्वयं भुक्तभोगी होती हैं उन चीजों को वो कैसे देखती हैं, उन व्यवस्थाओं से वो कैसे जूझ रही हैं। आदिवासियों के बारे में जो नये लोगों की अवधारणाएँ हैं कि वो आसानी से पत्नी की चीज होती है मतलब उसको हार की तरह तुलना किया जाता है कि चाय की भाड़ की तरह होती है। यहाँ नजरिया, दृष्टि साफ करने की जरूरत है। यह भी कहा जाता है कि जब आदिवासियों के यहाँ कोई मेहमान जाता है और जिनकी पत्नियाँ सुन्दर होती हैं उन्हें अतिथियों के हवाले कर दिया जाता है। मेरी गुजारिश है कि जब आप उनके बारे में लिखते हैं तो उसमें पहले उनकी जिन्दगी को पास से जाकर देखने की कोशिश करें। स्वतन्त्रता की बात करते हैं तो यह कहते हैं कि स्त्रियाँ आज स्वतन्त्र हैं लेकिन किस मामले में स्वतन्त्र हैं? आपको मालूम है कि आदिवासी स्त्रियाँ घर-बार का काम सँभालते हुए दुनियादारी करती हैं।

वो कमाने जाती है बजापते वह अपने पुरुषों के लिए भी खैनी का प्रबन्ध करती हैं तो इसे आजादी या स्वतन्त्रता का रूप देना भी ठीक नहीं लगता। जब बाजार और विकास की बात होती है तो हमें यह देखना चाहिए कि उनकी क्या जरूरत है और फिर उनके हिसाब से कार्य करें। स्त्री-विमर्श में स्त्रियों को सिर्फ देह तक ही क्यों सीमित रखते हैं वो इतनी मेहनत करती हैं कम-से-कम उन्हें यहीं तक तो सीमित नहीं रखना चाहिए। यहाँ नजरिया बदलने की जरूरत है। यहाँ आप देखते हैं कि जो विकास योजनाएँ हैं किस तरह भ्रमित करती हैं। उनके लिए वो सारी चीजें आती हैं कि वो हमें टारगेट करके बनती हैं बजट में। आप फिर देखते हैं कि उतने करोड़ रुपये फिर वापस किये गये फिर दुबारा हम उसे लेते हैं और कैसी अन्धी सरकार है, जो उसे सैंक्शन भी करती है लेकिन उस पर कोई सवाल नहीं उठाते कि आपको तो बजट की कोई आवश्यकता ही नहीं है अगर आवश्यकता होती है फिर दुबारा यह सरेण्डर नहीं करते बजट का। तो इस पर कोई चर्चा नहीं है। एक वरिष्ठ लेखक ने आदिवासियों के जनजीवन पर लिखा है नाम बताना मैं उचित नहीं समझती, कि कौन से फूल कौन से मौसम में खिलते हैं उन्होंने जैसे पलाश के फूल अब के मौसम में खिलते हैं पलाश के फूल बरसात में खिलते हैं तो इस तरह की त्रुटियाँ हैं। यह भी लिखते हैं कि आदिवासी लड़कियों में जबरन शादी करने का चलन है। मैं पूछती हूँ कि किस तरह से अधिकार रखती हैं क्या वो चलते पुरुष से कहती हैं कि तुमसे शादी करना चाहती हूँ? यह कितना दिग्भ्रमित करता है। जब हम आदिवासियों की बात करते हैं तो हम देखते हैं कि इस स्ट्रीम में जो कतार है उसमें हमें कितना स्पेस दिया जाता है और चाहे योजना की बात हो तो उसमें हमारी कितनी भागेदारी है। आज जो प्राइवेट स्कूल चल रहे हैं कुकुरमुत्ते की तरह से उसमें कहीं-न-कहीं यह साजिश है कि हमारी मानसिकता को इतनी कुन्द कर दो कि आपस में लड़ते रहें। क्या जो प्राइवेट स्कूल खुल रहे हैं हमारे बच्चे वहाँ पढ़ पायेंगे? क्या ऐसा नहीं हो सकता कि जो सरकारी विद्यालय हैं उन्हें मॉनिटरिंग करके मजबूत करेंगी कि वहाँ सबके बच्चे पढ़ें। ममता जी ने बहुत अच्छी बात कही कि पूरे देश में यूनिफार्म कोड लागू हो जाये तो अच्छा है। मैं कहना चाहती हूँ कि प्राइवेट स्कूल को मजबूत करके एक यूनिफार्म के तहत डाला जाये तो क्या आपके और हमारे बच्चे एक साथ खड़े नहीं हो सकते हैं? क्या हम ऐसा चाहते हैं? यह भी है कि अभी आप देखेंगे कि नये लेखक अपने समय को लिख रहे हैं ठीक है कि पुराने हैं वो काफी समय से हैं लेकिन वो नये लेखक की कद्र नहीं करते पूछते तक नहीं।

आज के समय में न ये लेखक लिख रहे हैं लेकिन जो पुराने लेखक हैं। वे नये लेखकों की कद्र नहीं करते पूछते तक नहीं। आज जरूरत इस बात की है कि हम और आप मिलकर सीमान्त के साहित्य को नयी दिशा की ओर ले जायें।

गुरु प्रसाद मदन

मित्रो! यहाँ जिस तरह की चर्चा चल रही है उससे यह आभास हो रहा है कि उन बिन्दुओं पर, विषयों पर बहुत ही सार्थक चिन्तन होगा। कंवल जी ने जिस तरफ सभी का ध्यान खींचा है वह गम्भीर विषय है उन्होंने जिस रुख की ओर इशारा किया है वह चिन्तनीय भी है और विचारणीय प्रश्न है। पुत्तुल जी का भी उसी ओर स्पष्ट इशारा है।

प्रश्न यह नहीं है कि हम दलित लेखक क्या लिख रहे हैं। प्रश्न कुछ और है। अभी बद्री जी कह रहे थे कि हम सभी का प्रतिनिधित्व भी नहीं करते हैं। लेकिन इतना भी तो सोचिए कि आखिर वे कौन लोग हैं जो उनकी तरफ से बोल रहे हैं। आखिर इस पर विचार करना न भूलिए कि उन सभी दलितों की पीड़ा की ओर से कौन लोग अपनी आवाज मुखरित कर रहे हैं, आवाज उठा रहे हैं। धीरे-धीरे नहीं जोर-शोर से अपनी और उनकी बात कर रहे हैं। छुप-छुप कर नहीं, एलानियाँ कह भी रहे हैं और प्रचारित व प्रसारित भी कर रहे हैं। उन्हें खुद लिखना आता है, छापना-छपाना भी आता है। उन मोटे-मोटे पब्लिशर्स की उन्हें दरकार नहीं है। उनका साहित्य तथा कथित बाजार का मोहताज भी नहीं है। लोग लिख रहे हैं, उठ खड़े हुए हैं, यह हकीकत है। सभी तो लिख नहीं सकते हैं। असल में अधिकांशतः भोगते हैं और उन्हीं के बीच के ये लेखक-लेखिकाएँ हैं जो आज जोर-शोर से लिख रहे हैं। लोग उन्हें पढ़ भी रहे हैं। वे अपने उस समाज में तथाकथित मुख्यधारा के लेखकों से पहले और गहनता से पढ़े जा रहे हैं। जो उन्हीं का स्वयं का भोगा हुआ सत्य है और जो उनके समाज द्वारा मुक्तभोगी बनकर भोगा गया है। वही तो उभरकर आ रहा है। वही तो काले-काले अक्षर के रूप धरकर कागज पर पसर रहे हैं, भोगा सत्य पसर रहा है। उससे गुरेज क्यों?

आप कहते हैं कि हर बार आप लोग विरोध की बात न करें। क्यों? शोषण की बात न करें जिसे तुम्हारे साथ और तुम्हारे पुरखों ने हजारों-हजार वर्षों सें करते चले आये हैं। वह सब न लिखें? उन करतूतों को न लिखें? आपको जिन काली करतूतों को करते शर्म नहीं आती थी बल्कि हर्षोल्लित होते रहे हैं, महिमामण्डित

करते चले आ रहे हो अपने आपको और अपने उस घृणित समाज को! मुझे तो ऐसा लगता है कि कहीं छिपे तौर पर वही रोग लगा रहे हो जो हजारों वर्षों से करते आये। यह मीठा प्रतिबन्ध तो नहीं है? मिठास बोली में, कहीं हजारों साल का पुराना प्रतिबन्धी जहर तो नहीं है? मनुस्मृति का कथन है–

'शूद्र त कारयेछास्यं क्रीतम क्रीतमेव वा,
दास्ययैव हि सृष्टोडर्सो ब्राह्मणस्य स्वयं युवा।''

अर्थात्–शूद्र खरीदा हुआ हो या न हो। उससे नौकर का (दास) का काम ले, क्योंकि ब्रह्मा ने ब्राह्मण की सेवा ही के लिए उसे बनाया है। इस ओर आपका ध्यान क्यों नहीं जाता। हम बोलें भी नहीं। देखें भी नहीं। सुनें भी नहीं। सोचें भी नहीं। शोर भी न करें। यह विडम्बना नहीं तो और क्या है?

ये दलित लेखक लोग जो, अपने पास दलितों की ओर से बोल रहे हैं तो उस मास की ओर से बोल रहे हैं जो आपके मास से भी कई बुना बड़ा है। आपने बल प्रपंच तथा उन काले कानूनों के माध्यम से सभी संसाधनों, शस्त्रों, शास्त्रों, ज्ञान के सभी रास्तों पर कब्जा कर रखा है। ऐसे प्रतिबन्ध लगा रखे हैं कि कोई अन्य वहाँ तक न पहुँच पाये। आज वही घेराबन्दी दलित लेखकों द्वारा टूट रही है। उन अमानुषिक विधि-विधानों को जर्जर कर तोड़ने का अभियान चल निकला है तो आपको लगता है कि भेदभाव, छल के द्वारा सुरक्षित आपका अपना महल, कहीं टूट न जायें। आखिर क्यों नहीं उन धर्मशास्त्रों, उन ग्रन्थों जिनसे अमानवीयता के विधि-विधान रीति-नीति का प्रचार-प्रसार किया जा रहा है, उसके विरुद्ध एक सशक्त आन्दोलन चलाया आपने। आखिर क्यों नहीं उन अनीतिपरक स्थलों को निकालने की जोरदार मुहिम चलाई गयी। हम उन्हें नकार रहे हैं तो कहा जाता है कि, हम भारतीय प्राचीन संस्कृति को ध्वंस करने पर तुले हैं। एक लम्बी चली आ रही परम्परा को तोड़ रहे हैं। यह कैसी परम्परा है जो इन्सान को इन्सान समझने के लायक ही नहीं छोड़ पायी। वह विषमता की दीवाल टूट रही है तो लगता है कहर बरपा हो गया। हम लोगों पर आरोप लगाया जाता है कि हम लोग समाज को तोड़ रहे हैं।

ध्यान रहे दलित लेखन समाज तोड़ने पर विश्वास नहीं करता, वह तो जोड़ने का काम करता है। बीमारी को चिह्नित करता है। उसकी दवा बताता है। दलित चिन्तन व लेखन उस समाज के निर्माण की बात करता है। जिसमें आदमी आदमी को आदमी समझता है। ऐसे भाव पैदा करता है कि जो अब तक अपने को आदमी नहीं समझता था, वह भी अपने को आदमी समझे और दूसरों के बराबर अपने को समझ सके। दलित चिन्तक लेखक उस समाज के निर्माण की बात कर रहे हैं जिसमें बन्धुता है। उसमें असमानता को स्थान नहीं हम ऐसे समाज के निर्माण की बात करते हैं। आप सोचिए कि आपके पूर्वजों ने क्या लिखा है? किन शास्त्रों का निर्माण किया है? उन शास्त्रों में क्या-क्या व्यवस्थाएँ बनाई हैं? जरा अपने उन धर्म ग्रन्थों

में निष्पक्ष होकर झाँककर देखिए तो शर्म से सर झुक जायेगा। सोचने की जरूरत है उस समृद्ध व बुद्धिवादी कहलाने वाले समाज को। लिखने-पढ़ने की ठेकेदारी की जिनकी एक दूसरी और बात है वह है आपका नजरिया। सड़क पर एक मजदूरिन को पत्थर तोड़ते देख आपने कुछ लिख दिया तो वह साहित्य, साहित्य ही नहीं करुणा का सागर उमड़ पड़ा। उस पर न जाने क्या, क्यों भाष्य लिख आसमान पर बिठाया। कभी उसकी झोंपड़ी में रुककर देखा तो होता कैसी जिन्दगी बसर होती है उस दलित की। दलित पर लिखना इतना आसान सड़क पर चलते, देखा-लिखा, महान साहित्य की संज्ञान से आपने अभिभूषित किया। क्योंकि वह व्यक्ति आपके जमात का है। कभी किसी मुसहर की झोंपड़ी में जाड़े की रात काटी होती तो पता चलता कि कैसी जिन्दगी जीने को आपने, आपके पुरखों ने आपके धर्मशास्त्र के काले कानूनों ने मजबूर किया। खाने-पीने, रहने पर भी प्रतिबन्ध/मुसहर जाति की झोंपड़ी में जाड़े में रजाई का नामोनिशान नहीं कथरी-गुदड़ी की झलक नहीं। बर्तन वह भी मिट्टी या एल्युमिनियम के। पीतल नदारद। फूल नदारद। प्रतिबन्ध जो लगाया आपके पुरखों ने। मूस (चूहा) मार करके खाने को मजबूर किया। तभी मुसहर कहलाए। मूस है जिनका आहार। देखिए जरा अपने काले शास्त्रों की कुछ बानगी तो आपको स्वयं पता चल जायेगा कि क्या किया है उन बहुसंख्यकों के साथ? आपके तो अपने शास्त्रों में, विधिशास्त्रों में इन्सान बने रहने लायक क्या व्यवस्थाएँ दी हैं? उन पर भी गौर फरमाइए? क्या खायेंगे हम क्या पहनेंगे, क्या जानवर पालेंगे इन सबकी स्पष्ट व्यवस्थाएँ बनाई हैं। आपने अब हम कुछ उदाहरण दें तो देखिए जानवर भी, दुधारू नहीं पाल सकते। गाय इत्यादि दूध देने वाले जानवर नहीं रख सकते। सुअर, मुर्गी, गधा पालना ही धर्म की व्यवस्था लागू की गयी।

इन व्यवस्थाओं को हम नहीं तोड़ेंगे तो और कौन तोड़ेगा? हम बीमार हैं खुद ही दवा करेंगे। तभी तो स्वस्थ होंगे। जब हम उन पर कलम उठाने लगे तो कहा कि यह साहित्य नहीं, गाली का भण्डार है। गन्दा साहित्य है। आज बिना उस दलित साहित्य के चर्चा के कोई भी साहित्यिक संगोष्ठी पूर्ण नहीं होती है।

आप अभी कितने द्रोणाचार्य पैदा करेंगे? याद रखिए, हम अब वह एकलव्य नहीं बनने वाले। जिसने फूली, कपटी, धूर्त द्रोणाचार्य को भावावेश में आकर अपना दाहिना अँगूठा दे दिया। उसने अँगूठा दान नहीं दिया बल्कि ऐसी परिस्थिति पैदा कर दिया गया कि उसका अँगूठा गुरुदक्षिणा के रूप में द्रोणाचार्यों के हाथ काट लेने की जरूरत है जो छल से अँगूठा कटवाते फिरते हैं। ताकि किसी अन्य भोले-भाले शिष्य एकलव्य का अँगूठा न कटवा पायें। आज जरूरत उस विचारधारा को नेस्तनाबूद करने की है जिसने शम्बूक नामक ऋषि, जो अपने समाज को शिक्षित गौरवान्वित कर रहा था, का सर काट लिया। ऐसे जघन्य कार्य करने वालों को दण्डित किये जाने की जरूरत है चाहे वह कितना ही सामर्थ्यवान क्यों न हो। न्याय

न्याय लेना चाहिए, अन्याय नहीं। हम आपको भाई कहते रहें, और आप हमें इन्सान भी न समझें। यह कहाँ का न्याय है। यही तो हम सब लिख रहे हैं। वह आपको पच नहीं रहा। उन करतूतों को लिख दें तो आपको पसन्द नहीं आता। अभी-अभी पुतुल जी ने क्या कहा? सुना आपने? उन्होंने उस दर्द को उभारा। उसे अपनी कलम से कागज के पन्नों पर उकेर दिया। किन्तु कहा गया वह सेक्स लिखा गया है। तो ऐसा नहीं जातियों की काली करतूतें लिखी हैं उन्होंने जरा अपने भीतर झाँककर देखिए, कैसी उन्मुक्तता। स्वयंवर के नाम से लेकर उन्मुक्तता के नाम पर क्या-क्या होता है? स्वयंवर के नाम पर एक स्त्री को भोग्या के रूप में प्रस्तुत किया जाता था। इनवाइट किया जाता था युवकों, पुरुषों, राजाओं, राजपुत्रों को सुख स्वयंवर में। क्या है यह? क्या है वह संस्कृति जो स्त्री को भोग्या और करोड़ों को दास समझती है। आज उन्हीं दासों, उन्हीं नारियों के बीच अग्नि की ज्वालाएँ धधक उठी हैं। आपको हाथ लगाने की जरूरत नहीं है। हम स्वयं उन व्यवस्थाओं को जला कर राखकर देंगे। हम स्वयं अपने रास्ते का निर्माण कर रहे हैं। जहाँ आप देखने को मजबूर हो तो हमारी बात सुनने को मजबूर होंगे।

हमारे एक ब्राह्मण मित्र थे अक्सर कहते थे कि चमारों का आई.ए.एस. लड़का हमें तो दस-बीस लाख में मिल जा रहा है, ब्राह्मण का लड़का तो दो-तीन करोड़ में मिलना मुश्किल हो जाता है। क्या होगा उन गरीबों को हम तो पहले वाले को पसन्द करते हैं। यह स्थिति किसने पैदा की है। आपकी संस्कृति ने, यह जो स्थिति आपने अपनो नारी जाति के साथ पैदा की है उसे कौन तोड़ेगा?

आपकी संस्कृति में एक स्त्री विधवा हो गयी, बूढ़ी हो गयी। उसके जवान बेटे की शादी का शुभ समय आया। वह माँ अपने बेटे की शादी भी नहीं देख सकती। पीछे कमरे में बन्द कर दें। वहीं बिठा दें। जिस बेटे को नौ माह तक अपने गर्भ में रखा उसकी शादी का उत्सव अपनी आँखों से न देख सके इस संस्कृति के निर्माता कौन हैं? इन शास्त्रों की व्यवस्थाएँ किसने लिखी? जीवन भर वह युवा पुत्री विधवा बैठी रहे। विधवा विवाह हमारी संस्कृति में, उस संस्कृति की बात करें जहाँ ऋषि दयानन्द जी ने दस बच्चों तक नियोग से उत्पन्न करने को जायज लिखा। दोनों में कितना अन्तर है, आप व्यभिचार की बात करते थकते नहीं व्यभिचार कहा? विधवा विवाह करके गृहस्थी बसाने में या नियोग द्वारा एक नहीं दस-दस बच्चे पैदा कराने वाली संस्कृति में। इसलिए कहता हूँ लिखने की जरूरत आपको उन छिपे आवरणों की बीच की कुरीतियों को लिखें जिसे आपकी संस्कृति ने जन्म दिया।

कंवल जी ने डॉ. बाबा साहेब अम्बेडकर की पुस्तक का हवाला दिया। उन्होंने इशारा किया उस अमूल्य पुस्तक की ओर जिसमें स्पष्ट रूप से उप-जाति समस्या पर कहा गया है। आप यदि डॉ. अम्बेडकर की कास्ट इन इण्डिया (भारत में जाति) देखिए कितना गूढ़ अध्ययन है। डा. अम्बेडकर की एनिहिलेशन आफ कास्ट नामक

भाषण जो पुस्तक के रूप में प्राप्त है, पढ़े तो आश्चर्य होगा आपको। पाँच हजार साल के अन्दर एनहिलेशन ऑफ कास्ट की तरह एक भी पुस्तक, आप नहीं दे पायें? कैसे लोग पैदा किये आपने, गुलाम मन वाला पैदा किया। कह दिया 'होहहैं वहि जो राम रचि राखा को करि तर्क बढ़ावें साखा।' सब वही भगवान करेगा, कर्म करने की जरूरत नहीं, भाग्य में लिखा है।

लेकिन हमारी श्रमण संस्कृति की लम्बी परम्परा, लोक कलाओं की कला, कन्दराओं की कला, उन्हीं सबमें श्रमण संस्कृति के ताने-बाने, आड़ी-तिरछी रेखाएँ दिखाई देती हैं। हमारे सन्तों के भजनों में, गीतों में, सर्वजन का साहित्य है। लोक कल्याण का साहित्य है। उन्हीं सबको आप सीमान्त का साहित्य कहते हैं। आप जो चाहे नाम दे दें। दलितों का साहित्य, उपेक्षितों का साहित्य, निरीहों का साहित्य, कुछ भी नाम दें। लेकिन वह सही मायने में लोक साहित्य है। वही सच्चा साहित्य जब आप अपनी मानसिकता को बदलेंगे, जब आप अपनी पूर्वाग्रही विचारधारा को बदलेंगे तभी आपको यह लोक साहित्य दिखाई देगा।

बाबा साहब डॉ. अम्बेडकर ने 'अछूत कौन और कैसे' में लिखा है कि आज तब आपने वाल्टेयर क्यों नहीं पैदा कर सके। कितनी क्रान्तिकारी बात की है उन्होंने।

दलित साहित्य विध्वंस का साहित्य नहीं है। जिस साहित्य का विपुलता से निर्माण हो रहा है वह तोड़ने पर विश्वास नहीं करता है। वह इन्सान को इन्सान से जोड़ने का काम करता है। पुरानी भूलों की ओर इंगित करने का तात्पर्य सावधान रहने की ओर इशारा करता है यह साहित्य। यह निर्माण का साहित्य है। भ्रातृत्व का साहित्य है। स्वतन्त्रता का साहित्य है। दासता से मुक्ति का साहित्य है। सौन्दर्य का साहित्य है। इसका सौन्दर्यशास्त्र पृथक् है। इसके मूल्य पृथक् हैं वह सब मानव को केन्द्र बिन्दु में रखकर लिखने का साहित्य है। मानव कल्याण का साहित्य है। उसने जाँचने-परखने की आवश्यकता है। आपको अपने नजरिए के बदलने की जरूरत है। आइए साथ चलें। साथ सोचें। एक नये समाज का निर्माण करें। मानव समाज का निर्माण करें जहाँ स्वतन्त्रता, समता, बन्धुत्व न्याय हो।

धन्यवाद!

खण्ड-V

नये समय का नया साहित्य

विशेष व्याख्यान / राजेश जोशी

उत्प्रेरक व्याख्यान / अखिलेश

मुख्य व्याख्यान / एकान्त श्रीवास्तव, संजीव व वंदना राग

राजेश जोशी

समय की बात आती है तो मुझे भीष्म साहनी की रचना याद आती है 'हानुष'। हानुष एक ताले बनाने वाला व्यक्ति है जिससे वह अपना घर चलाता था। उसे एक सनक सवार होती है कि वह देश की पहली घड़ी बनायेगा। जिससे उसकी पत्नी उससे नाराज होती है क्योंकि पहले जो वो 4 ताले बनाता था उसकी जगह सिर्फ 2 तालों से सन्तोष करना पड़ता था। लेकिन उसकी बेटी उसका सपोर्ट करती थी। उधर वहाँ का पादरी भी उसकी पत्नी को समझाता है लेकिन दूसरी तरफ यह भी घोषणा करता है कि उसे चर्च से मिलने वाली मदद बन्द कर दी जायेगी। अन्ततः घड़ी बनकर तैयार होती है और राजा भी उसे देखकर बहुत खुश होता है लेकिन बदले में उसकी आँखें निकलवा लेता है।

यहाँ बहुत सारे बिम्ब एक साथ प्रस्तुत हो रहे हैं जो बहुत दिलचस्प ढंग से सामने आती है। इससे यह बात सामने खुलकर आती है कि सत्ता की जो व्यक्तिवादी ताकते हैं वो किस प्रकार समय पर एप्रोप्रियेशन करती है। और उस एप्रोप्रियेशन के बीच ही रचना कैसे अपना समय रचती है क्योंकि रचना में काल रिक्रिएट होता है। उसके सम्बन्ध कैसे हैं समय के साथ और सत्ताओं के पावर स्ट्रक्चर्स के साथ ये सारे सवाल यहाँ उभरते हैं।

जो सोशल टाइम हैं उसमें कैसे एक समय की रचना हस्तक्षेप करती है महाभारत का एक प्रसंग है जिसमें मुनि मनपाल नामक एक व्यक्ति मोक्ष पाना चाहता है और उसके लिए अपने गुरु के पास जाता है जो उसका गुरु कहता है कि तुम्हें तो मोक्ष प्राप्त नहीं हो सकता क्योंकि तुमने पुत्र पैदा नहीं किया है जाओ पहले पुत्र पैदा करो। इतनी जल्दी पुत्र कैसे पैदा हो यह सोच कर वह चिड़िया की योनि में चला जाता है और 4 बच्चों को जन्म देता है। और जब बच्चे हो जाते हैं तो वापस वह पुरुष योनि में पहुँच जाता है। उसी समय खांडव वन में आग लग जाती है और वह अपनी पत्नी से यह कहकर चला जाता है कि मैं यहाँ अब रुक नहीं सकता किन्तु अग्निदेव से तुम्हारे प्राणों की रक्षा के लिए अवश्य कहूँगा। इस प्रकार उसके जाने के पश्चात् दुहिता अपने अण्डों को बचाने के लिए प्रयत्न करती है। यह रूपक

समय के साथ हम कैसे रिलेशनशिप अपने समय की या अपनी रचना की बनाए इसके लिए आवश्यक हो सकते हैं।

नये समय को आप कहाँ तक खींच सकते हैं। मैं इसे कैटेगराइज्ड करना चाहूँगा। भारतीय परिदृश्य में एक ऐसे बदलाव से जहाँ से हमारी सोच में परिवर्तन आता है वो कहाँ से शुरू होता है। 21वीं सदी की शुरुआत 15 साल पहले 1985 के किसी बिन्दु से शुरू हुई है क्योंकि इसी समय कुछ घटनाएँ एक साथ घटित हुईं और वहाँ से 90 तक आते-आते 85 में बिलग्रेट्स का विण्डो आता है और कम्प्यूटर सबके लिए सुलभ हो जाता है। चूहा मध्य वर्ग के हाथ के नीचे आ जाता है जिससे वह 17 इंच के स्क्रीन पर वर्ल्ड ट्यूर कर सकता है। बैंकों या रेलवे में कम्प्यूटर लगाने पर हिन्दुस्तान की तमाम टेच्ड यूनियन ने इसका विरोध किया था और उससे एक आन्दोलन पैदा हुआ। लेकिन धीरे-धीरे इसकी एक्सेप्टेन्स बढ़ी और 1000 तक आते-आते कम्प्यूटर का एक नेटवर्क फैल जाता है। दूसरी घटना की सी.एन.एन. का आना। शीतयुद्ध के समय अगर निर्णायक लड़ाई किसी ने लड़ी तो वो थी सी. एन. एन.। तीसरा बड़ी घड़ी की वो थी प्लास्टिक मनी यानी क्रेडिट कार्ड्स का हिन्दुस्तान में आना और यहीं से मानवीय सम्बन्ध टेक्नीकल रेल में चेंज होना शुरू होता है और 90 के दशक में भूमण्डलीकरण का विस्तार होता है। बहुत सारे चैनल्स, आई. टी. इण्डस्ट्रीज का फैलाव होता है और यह आर्टिफिसियल मार्केट कीमतें कम करने की आड़ में मिडिल मेन हटाकर आई. टी. को उसकी जगह स्थापित करता है। 90 में सोवियत यूनियन का विघटन एक बहुत बड़ी घटना थी जिससे प्रगतिशील शक्तियों में एक प्रकार की हताशा-निराशा को जन्म दिया। दूसरी घटना थी बाबरी मस्जिद का जिसने पूरे भारतीय समाज में एक व्यापक हिंसा को जन्म दिया। साथ ही साथ विश्वास की कड़ियों को तोड़ने का भी कार्य किया। अगर नये समय को हम कोई पेरीफरी बनाये तो मेरे हिसाब से ये वो नया समय है जिससे हम यह जानने की कोशिश करें कि रचनागत स्तर पर क्या परिवर्तन हुए। हमारे युवा रचनाकार शायद इसे ज्यादा बेहतर बता पायें कि साहित्य में क्या इन्डेन्सियस या चेंजेज आये हैं।

अभी ज्ञानोदय के अंक में एक लेख को लेकर काफी बहस हुई जो अनफारचुनेट और उसने एक गम्भीर बहस को नष्ट कर दिया। विजय कुमार का एक लेख था जिसमें उन्होंने 90 के बाद की रचनाओं को गैर-राजनीतिक करार दिया। उनकी एक प्रॉब्लम्स थी वे इसके मूल स्रोतों को समझ न सके। आज के समय में अमेरिका का भी दबाव है कि आप अपनी अर्थ-नीतियों को राजनीति से अलग कर लीजिए। तभी मुक्त बाजार को एक खुली छूट मिलेगी। यहाँ किस प्रकार अर्थनीति का गैर-राजनीतिकरण कैसे रचना के राजनीतिकरण में रूपान्तरित होता है इस फिनोमैनन के समझे बगैर नयी रचना सम्भव नहीं। दूसरी दिलचस्प बात

भूमण्डलीकरण के बाद की है कि अचानक रचनाकारों को नव-उपनिवेशीकरण के खतरे महसूस हुए। अरुण कमल, असद जैदी (1857 समय की तलाश) इनकी कविता ने नयी सवाल उठाए। उसके जवाब में सुधीर रंजन सिंह ने कविता लिखी। इस प्रकार रचनाएँ किस प्रकार चाहे वो नयी व पुरानी हों उपनिवेशीकरण के खतरों की ओर इंगित करती हुई है। अपनी कविता में असद जैदी ने एकवचन की जगह बहुवचनों का इस्तेमाल किया था जैसे भारतेन्दुओं, सुमित्रानन्दन पन्तों, मैथिलीशरण गुप्तों। यहाँ उसका बहुवचन इस्तेमाल करने से मतलब उस पर्टीकूलर इण्डिविज्युअल्स के विचार से जुड़े लोगों से था। अगर हम बिटविन दी लाइन्स देखें तो हमें मतलब समझ आयेगा। आप देखें तो पायेंगे कि इस युग में जिन विषयों से लेखकों की मुठभेड़ हुई वो था भूमण्डलीकरण और बाजार और दूसरा था इन्फार्मेशन टेक्नोलॉजी से जो दिक्कतें पैदा हो रही थीं। और अब जो बाजार से भी ज्यादा खतरनाक है वो है नवउपनिवेशवाद। इस शताब्दी में पूरी संरचना ही बदली है वो सारी नयी खतरों के रूप में है जिसे कन्फ्रन्ट करने की कोशिश नया साहित्य कर रहा है। नयी कविता की सामाजिकताओं में और उसकी चिन्ताओं में हमें उसकी राजनीति ढूँढ़ने की कोशिश करनी चाहिए भले ही हमें वो गैर-राजनीतिक लगे। सम्भव है उसके कमिटमेन्ट क्लीयर न हों। आज पहले के तरह के आन्दोलन नहीं थे क्रान्तियाँ नहीं थीं प्रतिरोध की शक्तियाँ नहीं थीं। अगर उसकी प्रतिबद्धता साफ न हो रही हो तो उसके खतरे को दूर तक देखने के बनिस्पत यह देखना जरूरी है कि जैसे मुक्तिबोध ने कहा था कि यह ठीक है कि नयी कविता व्यक्तिवादी है लेकिन यह देखना चाहिए कि उसकी जो यथार्थपरक दृष्टि है वो मनुष्य के पक्ष में है। और समकालीन के पक्ष में है तो उससे इनलाइज करना चाहिए न कि इस बात से कि उसकी विचारधाराओं विचारधारात्मक रूप से पाया है। यहीं एटीट्यूड शायद अपने समय के रचनाकारों को अपनाना चाहिए।

अखिलेश

साहित्य में नयेपन की अवधारणा को अगर देखें तो कई बार ऐसा होता है कि जो नया साहित्य नये प्रयोगों के साथ होता है कहीं अपनी परम्परा के साहित्य से अलग हटकर के कुछ नया स्थापित करता है तो उसे नया साहित्य कहते हैं। लेकिन क्या ऐसा नहीं लगता कि नया साहित्य जो नयेपन की विशेषता के साथ था कुछ समय बाद वो एक संज्ञा में बदल जाता है, मसलन नयी कविता, कहानी या आन्दोलन को लीजिए जब नयी कहानी आन्दोलन था तो उसकी मूल स्थापना इन विशेषताओं को लेकर के थी कि ये नयेपन का साहित्य है जो भारत की आजादी के बाद को व्याख्यात्मक रूप से प्रस्तुत करने वाला था। आज वहीं संज्ञा के रूप में बदल जाती है। ऐसे ही नयी कविता के आन्दोलन को लिया जाये। कहना यह है कि समय के साथ उसकी गुणवत्ता बनी रहती है या नहीं। कई बार पुरानी चीजें नयी हो जाती हैं, जैसे प्रेमचन्द का साहित्य लिखा जा रहा था तो हो सकता है कि हमारे साहित्यकारों ने उसमें इतना नयापन न देखा हो। उसे एक मनोरंजक साहित्य के रूप में ग्रहण किया हो। लेकिन आज इतने वर्षों बाद जब हम उनके साहित्य को पढ़ते हैं तो कई बार लगता है कि वो हमारे लिए एक नया साहित्य है। इसी प्रकार अम्बेडकर इतने वर्षों बाद, कबीर इतने वर्षों बाद नये लगने लगते हैं। तो नयेपन की अवधारणा अपने प्रयोग के चलते होती है या अपनी वस्तु के चलते होती है। मेरे हिसाब से नयेपन को केवल समय के नयेपन के साथ नहीं देखा जाना चाहिए।

समय को लेकर तीन तरह की अवधारणाएँ प्रचलित हैं जैसे ईसाइयत और इस्लाम में समय को लेकर के जो कहा गया इनके हिसाब से सृष्टि की जिस तरह शुरुआत हुई है उसी प्रकार उसका विनाश हो जायेगा लेकिन यहाँ जन्म से लेकर अन्त तक को समय ही करता है। उसी प्रकार दूसरी अवधारणा है जो हिन्दुओं के हिसाब से है कि युग चार भागों में बँटा है—सतयुग, द्वापर, त्रेता और कलियुग। तीसरी अवधारणा के हिसाब से आधुनिक समाज समाज आज जो है उससे बेहतर होता चला जायेगा। पहले दो उदाहरण में मनुष्य की अपने हस्तक्षेप की स्थिति नदारद है तीसरे में मनुष्य की गरिमा, हस्तक्षेप, प्रगति को प्रस्तावित किया गया है।

समय के बदलाव में गति कारक तत्त्व है। वही सुन्दर होगा जिसमें गति होगी। जरूरी नहीं कि सभी गति सुन्दर हो। एक गोली और एक चिड़िया दोनों में समान रूप से गतिज ऊर्जा विद्यमान है लेकिन क्या गोली चिड़िया से ज्यादा सुन्दर हो सकती है? इस फर्क को समझना होगा। लेकिन आज गति बिना अलगाव के है। आज के समय में गति एक जरूरत बन गयी है। ऐसी गति में करुणा, सामाजिक चेतना का अभाव होता है। ये हमेशा रौंदती है। 20वीं सदी का जो सबसे लुभावना शब्द था प्रगति वो हमारी भाषा से, बोलचाल से, सपनों, रचनाओं से लगातार क्षीण होता चला जा रहा है। उसकी तुलना में गति शब्द बढ़ता चला जा रहा है। गति में रफ्तार है और वो आगे की तरफ बढ़ती चली जा रही है। विकास जो पब्लिक सेक्टर का शब्द था उसको भी गति ने पीछे छोड़ दिया है।

एक लेखक के रूप में मैं कैसे महसूस करूँ कि समय क्या है। वास्तविकता के धरातल पर जो यथार्थ सामाजिक दृश्य है दुनिया का, वहीं समय की काया है। समय उसी में बसता है। एक मनुष्य के लिए, लेखक के लिए उसे पकड़ने का साधन यथार्थ ही होता है। कई लेखक ऐसे होते हैं जो उस नये शरीर को नहीं देखते हैं जिसमें समय बसता है तो एक ऐसी रचना लिखते हैं जो नयी भले हो जाती है लेकिन कुछ वक्त के बाद वह पुरानी पड़ जाती है और जो रचनाकार इसे देखते हैं, जैसे प्रेमचंद, अम्बेडकर वे रचनाकार नये हो जाते हैं। इनके पाठ लगातार पुनर्नवा होते रहते हैं।

समय खण्डित या अखण्डित इकाई है यह बहस का विषय हो सकता है। इसके लिए मैं बौद्ध धर्म का रूपक लेना चाहूँगा कि दीपक जब जलता है तो उसकी लौ एक होती है लेकिन इसकी एक-एक बाती अलग-अलग जलती है। तो अलग-अलग जलना और एक-सा दिखना लेखक की दृष्टि ऐसी होनी चाहिए कि वो उसे समग्र रूप में देखें। और उसकी एक-एक इकाई डिकान्स्ट्रक्ट करके उसे बाती के रूप में भी देखना चाहिए।

समय को समग्र रूप में देखने के बहुत दुष्परिणाम भी सामने आये हैं। विष्णु पुराण में कलियुग के बारे में कहा गया है कि इसमें सम्पत्ति ही मर्यादा का स्रोत होगा। धन ही नैतिक उत्कर्षता का मानदण्ड होगा। कामेच्छा और हवस ही स्त्री-पुरुष के बन्धन होंगे। असत्य ही जीवन में सफलता की पूँजी होगी। यौन ही जीवन में मनोरंजन का एकमात्र साधन होगा। और आध्यात्मिकता केवल रस्मोंरिवाज, कला, धर्म होगा। कलियुग को लेकर बहुत-सी बातें कही गयी हैं कि दलित अमर हो जायेंगे वे बैठे रहेंगे और ब्राह्मण खड़े रहेंगे और स्त्रियों को लेकर ऐसा कहा गया है उसे बयान नहीं कर सकते। इस कलियुग को केवल एक विषय को लेकर रिजेक्ट कर दें ऐसा मैं ठीक नहीं समझता।

आप टेक्नोलॉजी को बिना समझे आज के समय को नहीं समझ सकते तो एक

लेखक कैसे उसका चित्रण करेगा? क्या वह यथार्थ को पुराने फारमेट के हिसाब से आज के संवेदना को चरितार्थ कर सकता है। मेरे हिसाब से कदापि नहीं। आपकी रचनाओं में कल्पनाशीलता इतनी न हो कि आपकी संवेदना बचे ही ना। इन चीजों को देखते हुए मैं कहना चाहूँगा कि समय बदला हुआ है जाहिर है साहित्य भी बदलेगा ही और बदल भी रहा है और उस बदलने में दो प्रक्रियाएँ सामने हैं जैसा कि एक तरफ प्रेमचन्द, अम्बेडकर, कबीरदास, रेणु का साहित्य है तो दूसरी तरफ यह कि बदला हुआ आपके लिए कन्स्ट्रक्ट हो जाये हम छद्म विचारधारा से जा रहे हैं। हमारी कोई जिम्मेदारी नहीं है हम कलाकार हैं और एक कान्स्ट्रक्ट लिटरेचर हमारे लिए है। हमें इस खतरे से बचना होगा और नये समय में नया साहित्य लिखना होगा।

एकान्त श्रीवास्तव

आठवें दशक के कवि चाहे वो अरुण कमल, असद जैदी, राजेश जोशी जी हों उन्होंने जो सोवियत संघ के विघटन के बाद कविताएँ लिखीं उनमें स्वयं परिवर्तन महसूस करते हैं। नवल शुक्ल की कविता 'खिले फूले' में वे किस प्रकार कहते हैं कि लौकी, खीरा और तरोई के फूल किस प्रकार खिले। ये भी प्रकृति के प्रति किसानी दृष्टि है। कुमार अम्बुज की 'भीड़ भरी बस में लाल साफे वाला आदमी' एक कविता है। नीलेश रघुवंशी की कविता 'सब्जी वाली' में आम बोलचाल की भाषा का प्रयोग किया गया है। राजेश जोशी 'बड़ी उम्र में कार चलाना सीखना' मैंने सोचा कि इस तरह की इलाइट ग्रुप को सम्बोधित करने की कविता के पीछे क्या कारण हो सकता है? इनके पीछे आया मध्यमवर्ग में परिवर्तन है आज उनकी स्थिति में परिवर्तन हुआ है। समय के साथ-साथ आज कार जैसी चीज एक मिडिल क्लास के लिए वैसे ही है जैसे टू ह्वीलर। समय के बदलाव के कारण कविता बेझिझक अपनी बात कहती है। लेखक में साहस दिखाता है। ज्ञानेन्द्र पति ने एक कविता लिखी थी 'मानव बम' जो अपनी तरह की पहली थी। इनमें भी नया साहित्य रेखांकित होता है। समय का दबाव कहानी का फार्म, विषयवस्तु में बदलाव की जरूरत अब महसूस होने लगी है। मैं खासकर के तीन कहानियों का यहाँ वर्णन करना चाहूँगा मिथिलेश प्रियदर्शी की लोहे का बक्सा और बन्दूक जिसमें फाल्स एन्काउण्टर की कहानी है। आराही की शेरी खत्री की कहानी 'हरे राम की डायरी।' कन्टेन्ट के लिहाज से इसमें नयापन है कि किस प्रकार एक नेपाली नौकर हरीराम सब काम निपटाने के बाद डायरी लिखता है आज के जमाने में जब डायरी लिखना एक बुद्धिजीवी और प्रबुद्धों की चीज मानी जाती है लेकिन थका हुआ व्यक्ति जो अपना दुख किसी से कह नहीं पाता वो डायरी लिखता है। तो अन्तर्वस्तु के धरातल पर यह परिवर्तन कहानियों, उपन्यासों कविता में भी घटित हो रहा है। नया समय जो आ रहा है वो चाहे वरिष्ठ लेखक हो, नये हों तो अन्तर्वस्तु के धरातल पर इस परिवर्तन को पकड़ना चाहिए। अगर हम नये इलाकों में चीजों को या रचना को लेकर जाते हैं तो शायद हम नये समय को नये ढंग से पकड़ने की कोशिश करते हैं। नया समय हमें पर्यावरण के

तरफ भी इंगित कर रहा है। निश्चित तौर पर सोवियत संघ का विघटन या बाबरी मस्जिद बड़ी घटनाएँ हो सकती हैं। लेकिन उसके साथ कई छोटी-छोटी समस्याएँ भी हैं। नताशा एक कवयित्री हैं जो लिखती हैं कि मैं कब से पत्थर तोड़ रही हूँ और पत्थर तोड़ते-तोड़ते बूढ़ी हो गयी हूँ पर मुझ पर कविता लिखने वाले पुरस्कृत होते चले गये। लेकिन मेरी स्थिति वही है नये पुराने हाथ मिलाकर नये साहित्य को अभिव्यक्त कर रहे हैं। मैं समझता हूँ कि नब्बे के बाद भी नये पुराने साहित्यकार मिलकर नये समय को परिभाषित करने की कोशिश कर रहे हैं।

संजीव

यह विषय दो चीजों को जोड़ता है। साहित्य केवल राहुल और प्रेमचन्द का नहीं था। अगर ऐसा होता तो सारी किताबों को कूड़े के ढेर में डाल देना चाहिए। नया क्या होता है? जिसको कन्सिसटेन्सी इंगलिश में बोलते हैं यानी संलग्नता होती है। ये एक दौड़ होती है जिसमें हम दौड़ते-दौड़ते पुराना जो है रिले रेस की तरह जिसमें पिछला अगले को थमता है और आगे वाला फिर अपने आगे वाले को थमाता है और इस तरह चीज नयी होती चली जाती है। यह अलग बात है कि इधर जो रेस हो रही है उसमें गति कुछ ज्यादा है। विचित्रता है और एक तरह से हमारे पाँव जमीन पर पड़ नहीं पा रहे हैं। प्रवृत्तियों की बात की जाये तो बहुत विचित्र-विचित्र प्रवृत्तियाँ हैं। सारे मूल्य उलट गये हैं। कुछ बातों को दोहराने में कोई फायदा है नहीं फिर भी मैं दोहरा रहा हूँ। हमारे यहाँ एक शब्द है रण्डी कितना गन्दा शब्द था यह हमारे यहाँ। किसी को गाली दे दें यह तो न जाने क्या हो जाये लेकिन अब यह अमूल्य हो गया है। आराम से मुम्बई से आती हैं लड़कियाँ और दलाल स्ट्रीट कितना सम्मानित शब्द हो गया है। इस तरह बहुत-सी चीजें ऐसी हो गयी हैं जो हमारी सोच की परिधि से बाहर चली गयी है, कि उसको कैसे हम नये ढंग से लें? नया समय मूल्यों के क्रमागत उलटने का समय है और इसका आना भी था। इसके कुछ लक्षण मैं आपके सामने रख रहा हूँ। जैसे चोरी करना, घूस लेना, वेश्यावृत्ति आदि पहले अपराध की श्रेणी में आते थे लेकिन अब वो हमारे मूल्य बनते जा रहे हैं बल्कि वे ज्यादा सफल माने जाते हैं। और वो हमारे मूल्यों के और नैतिकता के निर्माता हैं। जिस तरह समय बदल रहा है क्या साहित्य को भी उसी के पैरलल बदलना चाहिए? साहित्य की दिशाएँ और प्रयोजन कुछ अलग हैं। साहित्य और साहित्यकार आसमान से नहीं टपकते। उनके अनुसंघ होते हैं। उनके इर्द-गिर्द जो संसार होता है उससे अलग हो भी नहीं सकते हैं। जड़ हम काट नहीं सकते परछाइयों से दूर नहीं जा सकते। इसलिए आज भी साहित्य इस नये युग की शोभा यात्रा में सबसे पीछे छूट गये मनुष्य या कुचले हुए मनुष्य जिस पर से हो करके जुलूस आगे बढ़ गया है उसके साथ चल रहा है। यह उन लोगों के साथ जिन्होंने सफलता के नये मापदण्ड गढ़े हैं और

उनके झाँसे में आ जाते हैं। तो इससे बिल्कुल अलग साहित्य अभी लगता है, अपनी पुरानी मान्यताएँ रही हैं। कुछ इन्क्रोचमेन्ट होने शुरू हो गये हैं साहित्य में कैलाश की एक कहानी है जिसमें एक व्यक्ति इन्टरव्यू देने जाता है रास्ते में उसे एक जरूरतमन्द व्यक्ति मिल जाता है तो वो उसे अपने सारे कपड़े दे देता है। इंटरव्यू में जब उससे पूछा जाता है कि भई सब कुछ तो ठीक है लेकिन आपके कपड़े कहाँ गये तो सोचता है कि शायद सच्चाई बताने से उसे कोई वेटेज मिल जाये लेकिन उसे डिस्क्वालीफाई कर दिया जाता है। आज का समय भी वही है। जहाँ भावनाओं का कोई स्थान नहीं है। जो नया साहित्य है अभी भी भौतिक चेतना व संवेदना का क्षेत्र है। यह अपने सृजन के उन क्षणों में जहाँ शुरुआत होती है भ्रूण अवस्था में वहाँ वह एकदम एकाकी है और सरोकारों में पूरी तरह मानवीय भी है, सामाजिक भी और वैश्विक भी। यह इस पीड़ा को भूल नहीं पाया है। यह हमारे लिए शुभ लक्षण है। कमलेश्वर की कहानी है 1977 की जिसमें उदयशंकर नृत्य कर रहे हैं स्टेज पर तभी वहाँ पर एक तितली आ जाती है और उसे बचाने के चक्कर में वे लड़खड़ा जाते हैं। लोगों की नजर में वो असफल थे लेकिन खुद में सन्तुष्ट अनुभव कर रहे थे। नया या पुराना कोई भी समय हो साहित्य की भूमिका यही रही है। हमारे जो नौजवान मित्र हैं वो बहुत लाठी चलाते हैं और लाठी देखकर डर भी लगता है उसे वो ऐसे भाँजेंगे जैसे दुनिया पर उनका कब्जा है। बाकी लोग हट जाओ यहाँ से। मैं सिर्फ इतना कहना चाहता हूँ कि नये में पुरानों द्वारा लिखा नया साहित्य भी है और नये द्वारा भी और जो रिजेक्शन है जो रिजेक्ट किया जा रहा है वो नये द्वारा लिखा पुराना साहित्य है और पुराने द्वारा लिखा पुराना साहित्य है। मेरे पास लगभग 200-400 कहानियाँ हर महीने आती हैं मेरे दफ्तर में और उसमें नया क्या है मैं बार-बार ढूँढ़ता हूँ। यह जो समय बदल रहा है समय के कदमों की तालमेल मिलाते हुए परिवर्तनों को चिह्नित करते हुए जो कहानियाँ रचनाओं या किसी भी विधा में कोई चीज आती है तो लगता है हाँ कोई चीज है मैं उनका नाम लेना चाहूँगा जैसे पंकज मिश्रा, नीलाक्षी सिंह, मोहम्मद आरिफ, प्रभाकर रंजन, मनीषा कुलश्रेष्ठ, तरुण भटनागर, दीपक श्रीवास्तव, विमल चन्द्र पाण्डेय, अजय नावरिया, प्रियदर्शन, अरविन्द कुमार सिंह यह नाम कुछ नये लग सकते हैं क्योंकि ज्यादा हल्ला नहीं मचाते। मनोज कुमार सिंह, कुणाल, चन्दन पाण्डेय, वन्दना राग, पंखुड़ी सिन्हा, प्रत्यक्षा, कविता, शिल्पी, पंकज राग, बद्री नारायण, व्योमेश शुक्ल, नीलेश रघुवंशी आदि कुछ नाम हैं। एक तरह से देखने पर लगता है जैसे हम बाजार में आ गये हैं। इतना उर्वर क्षेत्र कभी नहीं था न पत्रिका की न लेखकों की। हर आदमी जिससे मैं बात करता हूँ लगता है लेखक, कवि या शोधार्थी है। चौथा कोई पाठक है मैं नहीं समझ पाता मनीषा कुलश्रेष्ठ, तरुण भटनागर, मोहम्मद आरिफ, विमल चन्द्र पाण्डेय, प्रियदर्शन ये कुछ नाम हैं जो आश्वस्त करते हैं बाकी नाम थोड़ी दिक्कत पैदा करते हैं। ये

जो रचना लिखते हैं वो बार-बार आयेगी या उसमें कुछ चेंजेज भी आयेंगे। बतौर पाठक मैं देखता हूँ तो केवल स्त्री-पुरुष सम्बन्धों के बारे में ही ज्यादा लिखा जाता है। निश्चित रूप से मनुष्य होने के नाते जितनी भी कहानियाँ चाहे वो पत्ते माध्यम या कण के माध्यम से करें हम हमेशा मनुष्य के इर्द-गिर्द ही रचना करते हैं। यह क्या बात हुई कि स्त्री-पुरुष सम्बन्धों को छोड़कर हमारी नजर इसके अनुसंघों पर नहीं जाती। मैं अपने युवा लेखकों से हाथ जोड़कर कहता हूँ कि भैया सरोकारों के तरफ भी थोड़ा ख्याल करो और मुझ पर वो सारे मित्र खीझ पड़ते हैं। अस्तित्व और अस्मिता के स्तर पर जो अफरातफरी पूरी दुनिया में मची है इस पर बहुत कम ध्यान जा रहा है। और जहाँ भी ध्यान जा रहा है तो लगता है कि हाँ वो एक चीज है। इतिहास से लेकर भूगोल और अस्तित्व से लेकर अस्मिता तक के द्वन्द्व हैं, स्पेस तलाशने के द्वन्द्व हैं। मिथिलेश प्रियदर्शी की एक कहानी जिसे हमने छापा था लोहे का सन्दूक और बन्दूक जिसमें माओवादी एक आदिवासी का अपहरण कर उसकी हत्या कर देते हैं ऐसी कुछ और कहानियों पर ध्यान दिलाना चाहता हूँ। स्नोवा वार्नो की एक कहानी है 'मेरा अज्ञात मुझे बुलाता है'। और 'मुझे घर तक छोड़ आइए' यह एक तरह की टेनडेन्सी आयी है कि जिसमें हम यह नहीं कह सकते कि हिन्दी हमारी बपौती है। हिन्दी ग्लोबल हो गयी है। आश्चर्य की बात है कि हमारे बड़े-बड़े साहित्यकार भी कहीं चूक जाते होंगे गजलों का, शेरों का, शब्दों का, निष्चूक इस्तेमाल करने में। लेकिन उस औरत ने अद्भुत ढंग से उसको साधा है। एक कहानी है प्रतिभा की 'गर्माहट' जिसमें एक औरत दरवाजा खटखटाती है तो घर के बाकी लोग डर जाते हैं। दरवाजा खुलता है और लोग आलिंगनबद्ध होते हैं वो औरत कहती है कि बुआ तुम कहाँ थी? इस प्रकार हिन्दू-मुसलमान का प्यार और वहाँ वो सिर्फ इसलिए आयी है क्योंकि उसके लिए उसने उपवास रखा था तो उसको लड़का हुआ था। तो वो फिर आयी है कि तुम मेरे लिए उपवास रखो मेरी जो पतोहू है उसे लड़का नहीं हो रहा है और देखिए तो अन्धविश्वास की बात है लेकिन जो भाईचारे की गरमाहट है हिन्दू-मुस्लिम की वो इतनी अडिग है कि वो कहती है कि मैं बिल्कुल करूँगी और वो करती है। एक कहानी है प्रतिभा दास की जो साइंटिस्ट है बहुत तरीके से उन्होंने प्रतीकों का इस्तेमाल किया है अपनी रचनाओं में। इसमें सारे के सारे बिम्ब साइंस के हैं इसके अलावा वागर्थ, वसुधा, नया ज्ञानोदय आदि में कई बार चमत्कृत कर देने वाली कहानियाँ आयी हैं। यह सवाल है कि इन कहानियों से हम क्या पा रहे हैं? नये कहानीकारों की प्रवृत्ति क्या हो रही है सामाजिक सरोकारों से दूर या सामाजिक सराकारों से खिलवाड़पन और भाषित चमत्कार। मुझे यहाँ दो लेखिकाओं से शिकायत है निर्मला पुत्तुल, नीलाक्षी सिंह से। नीलाक्षी सिंह भाषिक जलील पेच में और जातिगत कल्पना रचने में खो गयी। यहाँ निर्मला जी का क्या है? नगाड़े की तरह बजते हुए शब्द न जाने कहाँ खो गये वो शब्द। नगाड़ा फूट गया

या क्या हो गया वही जाने। यह सन्नाटा मुझे डराता है। अभी जो नव लेखन आया है उसमें बहुत सारी प्रवृत्तियाँ आयी हैं। मैंने जो महसूस किया है वो आपके सामने रख रहा हूँ। अगर एक वाक्य में कहूँ तो यह जमाना जीन्स और जीन्स का है। जीन्स मतलब पहनने वाला जीन्स और दूसरा इन्सान की आन्तरिक रचना से जुड़ा है। यह जो टेक्नॉलाजी, इन्टरनेट, टीसू कल्चर, इलेक्ट्रॉनिक्स है यह सब दस्तक दे रहे हैं कि अब आप पति-पत्नी और वो या शोषण, शोषित या इस तरह की और चीजों को लेकर नहीं लिख सकते। बहुत सारी समस्याएँ आ गयी हैं जो आपके एकान्त में खलल डाल रही हैं। अचानक ही मोबाइल का रिंग टोन नहीं बजने लगा है बहुत सारी कहानियों या कविताओं में। अचानक इन्टरनेट नहीं आ गया है। यह आपकी रोजी-रोटी और कम्पलसन बन गया है। हिन्दी के साहित्यकार विशेषकर नये मित्रों से मेरा निवेदन है कि कब तक आप नजरें चुराते रहेंगे इन परिवर्तनों से। वो जो घास वाली है वहाँ भी परिवर्तन पहुँच गया है। और आप अभी भी लार से मकड़ी जाल रचती है उस तरह की रचना रचने लगते हैं। इसको कइयों ने चिह्नित किया जैसे नरेश सक्सेना या फिर महेन्द्र सिंह, सुभाष कुशवाहा, राजेश कुमार सिंह। बहुत उत्कृष्ट साहित्य नहीं आया है लेकिन इन्होंने समय के पदचापों को पकड़ा है। मैं नहीं कहता हूँ कि हमें कल्पना नहीं चाहिए। लेकिन हमें कल्पना के लिए कल्पना तो चाहिए ही कल्पना चावला भी चाहिए। यानी जो ठोस हकीकत है कल्पना चावला और कल्पना यानी इमेजिनेशन।

आज का लेखन पहले के मुकाबले कुछ ज्यादा जिम्मेदारी की माँग करता है। और इस जिम्मेदारी से जो मुख मोड़ता है वो लगता है कि समय के साथ नाइन्साफी कर रहा है। यह एक ट्रेन्ड उभारकर आया है कि ज्यादातर कहानियाँ कस्बों से, महानगरों से निकलकर आती हैं। लगता है जो हाशिए से बाहर हैं वो गाँव सब खदेड़ दिये गये हैं। गोर्की का एक प्रसिद्ध उपन्यास है 'वे तीन' उसमें प्रसिद्ध बिम्ब है जिसे बहुत लोगों ने इस्तेमाल किया है। उसमें उसका चाचा अकेले में पेड़ के नीचे बैठकर रो रहा है और वो कहता है कि इस पेड़ को जंगल से खदेड़ दिया गया है तो लगता है कि पूरा का पूरा गाँव ही खदेड़ दिया गया है। आज सारे-के-सारे लोग महानगरीय बोध से ग्रस्त हैं किसान मर रहे हैं कोई बात नहीं। मैनेजर पाण्डेय ने इसे बहुत अच्छे-से चिह्नित किया कि सारे के सारे नहीं मर रहे हैं वो मर रहे हैं जो उनके प्रलोभनों के चक्कर में आकर फँसें। सरकारी ऋण या कुछ और जिसमें वो फँसे। हिन्दी भाषा में इस पर कहानियाँ क्यों नहीं आ रही हैं? दूसरी भाषा में जबकि आ रही हैं। हम महानगरीय समस्याओं को समस्या मान रहे हैं जैसे मेनहोल खुला है, मैट्रो बन्द है, एक्सलेटर बन्द है यह समस्या है, यह समस्या नहीं है कि गाँवों में किसानों को उनकी लागत का पूरा मूल्य मिल रहा है कि नहीं। दिल्ली या अन्य जितने भी मैट्रो सिटीज हैं वहाँ अनावश्यक रूप से फ्लड लाइट का इस्तेमाल किया

जाता है जबकि यहाँ ऐसे कितने गाँव हैं जहाँ पर अभी तक बिजली भी नहीं पहुँच पायी है।

आज नारी-विमर्श जो शिक्षित वर्ग है उस ओर ज्यादा झुका हुआ है। दलित-विमर्श में न जाने क्यों मुझे डर लगने लगा है कि जिन कुप्रवृत्तियों के चलते हिन्दू-समाज ने अपने को औरों से काटा बिल्कुल यहाँ भी विघटन की वही दरार देखने को मिलती है। यह जो आन्दोलन चल रहा है वह आदिवासी और दलितों को मिलाकर होना चाहिए था। लेकिन इस दिशा में कुछ नहीं हो रहा है। हालाँकि हम अपने रीजनल एटीट्यूड के चलते बार-बार उस तरफ पॉइन्ट आउट कर रहे हैं कि ऐसा होना चाहिए नहीं तो वैसी ही हद होगी जैसे इधर की हुई है। ये जैसे मकड़जाल में फँस गये हैं। और बोटल नेक से निकल नहीं पा रहे हैं। सब तड़प रहे हैं। इस तरफ दलित लेखन या जनरल लेखन का ध्यान नहीं जा रहा है। एप्रोच वो क्यों नहीं हो पा रहा है अब जैसे देखिए बेकारी की समस्या, लेकिन लड़के बेकारी नहीं लिखते। प्रेम लिखते हैं। यह हमारी जैविक कम्पलसन है कि हम प्रेम करेंगे ही करेंगे लेकिन जब जेब भरी होगी तभी प्रेमिका हमारे पास आयेगी।

ज्वाइन्ट फेमिली से जो न्यूक्लीयर फेमिली का कान्सेप्ट आया है कि माँ कहाँ पटना हास्पिटल में और पिता मुम्बई में हैं बिखरा-बिखरा है इसे बहुत अच्छे से समझाया गया है कि एक झूला है जिस पर माँ-पिता झूल रहे हैं। और बच्चे झूलते-झूलते बहुत दूर चले गये हैं अमेरिका-कनाडा धीरे-धीरे झूले पर बस एक आदमी है बुढ़िया या बुड्ढा। एक बार क्या हुआ कि झूला ऐसे ही है सब चले गये हैं कोई नहीं है यह हमारे बिखराव को दर्शाता है। इस पर कई कहानियाँ आ रही हैं क्योंकि यह उनके अनुभव के क्षेत्र हैं। अन्त में कहना चाहता हूँ कि शायद हंस के आगामी अंक में हम इस पर कुछ निकालेंगे वो हैं अन्तःप्रवाह और बाह्य प्रवाह। मुम्बई बिहारियों ने बसाई हो या नहीं लेकिन उनका एक बहुत बड़ा योगदान रहा है। आसाम बंगाल के जंगलों को उन्होंने साफ किया है। गरीबी और बेगारी की वजह से ही वो यहाँ से वहाँ गये। यानी बहुत ही नारकीय जीवन जीकर उन्होंने बाकी को समृद्ध बनाया है। क्या कारण है कि कभी उन्हें आसाम से तो कभी कहीं और से भगाया जा रहा है। असल में जो अखण्ड भारत का नारा है वो है नहीं।

अन्तर्प्रवाह में आज से बहुत पहले लोग चले गये थे जिसकी वजह से समृद्धि की परतें खुली हैं वे सब बन्द हो रहे हैं। ये जो कुछ भी फिजी में हुआ, वहाँ के जब मूल निवासियों को लगा कि अरे ये जो गन्ने के खेत या जमीनें हैं वो अपनी हो तो उन्होंने वहाँ से भारतीयों को खदेड़ा। कुछ यहाँ से न्यूजीलैण्ड तो कुछ आस्ट्रेलिया गये। आज जब वे मुम्बई या आसाम से भगाए जा रहे हैं तो यह क्या स्थिति बन रही है? ऐसा लग रहा है कि एक जंगल है जिसमें आग लगी है और सारे जानवर भागते हुए आपस में टकरा रहे हैं।

यह जो अस्तित्व या अस्मिता की खोज का संकट है, अस्तित्व की टकराहट का संकट है इस पर बहुत ज्यादा अन्तर्विरोध या कन्सनट्रेशन नहीं गया है। समय की माँग है कि हम उन स्थितियों को चिह्नित करें और उसे बहसों में, विमर्श में सामाजिक अध्ययनों में भी इन चीजों को अपनी जद में लें और इसकी वजह को तलाशें। क्योंकि यह चीज आज की नहीं है और एक बहुत बड़ा प्रश्न बनती जा रही है। हम जायें कहाँ? क्योंकि जिस जगह से हम हटकर गये थे वो जगह भी भर चुकी है।

वंदना राग

एक क्रिएटिव राइटर होने के नाते मैं समय को कैसे समझती हूँ इस पर मैं कुछ कहना चाहती हूँ। समय मुझे लगता है कि एक क्रिएटिव राइटर के लिए एक टाइम बाउण्ड पीरियड नहीं है। क्रिएटिव राइटर समय को हमेशा ट्रानसेंड करता है यानी, वो अधिजीवी भी हो सकता है और भविष्य में एक विजनरी की हैसियत से भी अपनी रचनाएँ लिख सकता है। अतिजीवी से मतलब उस मास्टर आइडिया को पकड़ के रखने वाला नहीं जो उसे एक प्रोग्रेसिव वैल्यू सिस्टम से पीछे धकेलता है, उन मूल्यों के प्रति जो पहले से खत्म हो चुके हैं या नष्ट होने की स्थिति में आ चुके हैं। अतिजीवी उस सेन्स में कि वो लौटकर पीछे जाकर अपने उस समय को विरासत, को देखें जिससे उसका आज का ताना-बाना निश्चित रूप से बना होता है उसकी सामाजिक व्यवस्था बनी होती है और उसकी पॉलिटिकल व्यवस्था भी बनी होती है। इसलिए मेरे हिसाब से क्रिएटिव राइटर हमेशा टाइम पीरियड को ट्रान्सेन्ड करेगा। यहाँ कल से लेकर आज तक यह बात की जब तक हम राइटिंग को एक बड़े तबके तक नहीं पहुँचाएँगे, उस भाषा को नहीं ईजाद करेंगे जो लोकमानस की भाषा है तब तक साहित्य किस काम का? मैं भी ऐसा ही मानती हूँ कि उस चीज को या टारगेट को पाने के लिए सबसे पहले क्रिएटिव राइटर टाइम की यह परिभाषा देगा कि वह एक जगह स्थिर नहीं है। यह अलग बात है कि वह जिस समय पैदा होता है और जिस समय अपनी रचना-प्रक्रिया शुरू करता है वह समय को ज्यादा यथार्थपरक ढंग से देखता है और उसकी मनःस्थिति उसकी यथार्थपरकता से निर्मित होती है। कल एक और बात उठी थी भ्रम की बात। मैं यह मानती हूँ कि जो क्रिएटिव राइटर होता है वो अगर विभ्रम का शिकार है तो वो कभी भी कोई उत्कृष्ट रचना और ऐसी रचना जो लोकमानस को टच कर सके वो कभी नहीं लिख सकता। इसमें बात उन रियलिटीज की है जो उसके समय में या उसके पीछे के समय में या वो जो देख सकता है इतनी क्षमता रखता है कि वो भविष्य को देख सकता है और कुछ कल्पनाएँ कर सकता है कि शायद आज अगर ऐसी स्थितियाँ हैं तो भविष्य में क्या होगा। ऐसे राइटर्स के लिए स्पेस भी कोई टाइम बाउण्ड या बँधने वाली स्थिति नहीं होती

है। वो उन सबसे आगे जाकर मेरे ख्याल से सारे क्रिएटिव राइटर्स इस बात से एग्री करते हैं। अभी कंवल भारती जी ने जो कहा कि आपका साहित्य और हमारा साहित्य इस पर मुझे आपत्ति है इसलिए क्योंकि यह जो आप सेन्स ऑफ अदर क्रिएट करते हैं चाहे कोई भी हो कि आपका साहित्य और उनका साहित्य तो पहले से ही यह बायस लेकर उतरते हैं कि यह उनका साहित्य है इसलिए उतना बायस या यथार्थपरक नहीं होगा जो मेरा है। जबकि जो असली क्रिएटिव राइटर होगा जो सचमुच चीजों को पकड़ने की क्षमता रखेगा उसकी रचना से आप तय कीजिएगा कि उसकी वस्तुपरकता और साथ-साथ उसकी प्रतिबद्धता उस बात के प्रति उस रचना के प्रति कैसी है। सिर्फ उनका सरनेम या उसका खेमा या फिर उसकी रचना किस पत्रिका में छपती है उसकी प्रतिबद्धता को तय नहीं करता है। वो उसकी रचना ही तय करती है और रचना को मापने के लिए जैसा कि संजीव जी ने कहा कि इतनी सारी रचनाएँ आ रही हैं जैसे कि बाजार हो। तो ये तो हकीकत है और हमें इसे एक्सेप्ट करना होगा। और जब बहुत सारी चीजें जैसे मास प्रोडक्शन हो रहा है नेचुरली बाजार है। जब कोई क्रिएटिव राइटर इसको टच करता है तो उसकी सेन्सिटीविटी का उसकी रचना के आधार पर आँकना चाहिए। आप सब से मेरी गुजारिश है कि आप उसको पहले से ही एक तयशुदा एक माइन्डसेट में जो हमारा एक समय की माँग हो गयी है कि अच्छा ऐसा है और इस चीज को एडरेस नहीं किया जाये क्योंकि थोड़ा इन्कनविनिएन्ट है। बात नहीं करना बहुत सारे ऐसे मुद्दों की ओर ले जाता है जहाँ हम नजर चुराने लगते हैं। हमारे देश में जो जाति व्यवस्था है उन सारी चीजों को मैं इसमें जोड़ती हूँ, जितने भी शोषण के तरीके हैं या शोषण की व्याख्याएँ या मेनीफैस्टेशन हैं वो सारी चीजों से हम नजर चुराते हैं। साम्प्रदायिकता पर जब बात होती है कि ये एक ऐसा इश्यू है कि हमें उसे ऐसे डील या एडरेस करना चाहिए कि हमें सौहार्द बनाना है।

जाति व्यवस्था की जब हम बात करते हैं तो यह दिखाएँ कि ब्राह्मण और वो बहुत प्यार से रहते थे और यहीं एक आइडियल सिचुएशन है। यहाँ हिन्दू-मुस्लिम बहुत प्यार से रहते हैं। हमें यह सारी बातें पता हैं एक क्रिएटिव राइटर यह सब जानता है कि अगर उसकी दृष्टि समाज में अपने समय में अपना समय से मतलब फिर उस पीरियड को न ले लें। अगर कोई दृष्टि को रखता या विकसित करता है तो वो देखेगा कि यह बात एक आइडियल के रूप में सच है लेकिन आज की स्थिति में क्या ऐसा है? ऐसा नहीं है। कल जब बहस हुई थी तो यह बात उठी थी कि क्या ऐसा नहीं होता है कि जब हम इनकरेज करते हैं छोटे-छोटे मोमेन्ट्स को और बाजार के प्रभाव से कैसे पकड़नें टूट रही हैं वो उसी में दलित-विमर्श पनपता है स्त्री-विमर्श पनपता है तो क्या हमने एक समग्र भाव से जो एक शोषण कल का समाज था उसे लचीला नहीं बना दिया कि वह अपनी-अपनी बात कह सके। इस

पर एक बात उठती है कि जो बड़े शोषण की प्रक्रिया है जिसको हम उपेक्षित वर्ग कहते हैं और उपेक्षित वर्ग में हम छोटे-छोटे कारनर्स लेते हैं क्योंकि वो हमें साल्व करना आसान लगता है। हम उसके बारे में बात कर लें या संगोष्ठी कर लें या मूवमेंट्स लें वो उसे टेकल करना आसान है। संजीव जी ने जो इशारा किया कि क्यों दलित मूवमेन्टस में भी टूटन है? तो वो तो होगी ही क्योंकि कभी भी एक विचारों को लेकर या अपने-अपने शोषण की समग्रता को लेकर क्योंकि हम सेन्स ऑफ अदर डेवलप करते जा रहे हैं और लगातार उसी पर बात करते जा रहे हैं यह आपका साहित्य ये मेरा साहित्य आप हिन्दू हम मुसलमान। नहीं, जो शोषित हैं वो शोषित है एक समग्र भाव से शोषित हैं और जब तक वो अपने शोषण के कारणों को ठीक ढंग से नहीं पकड़ पायेगा तब तक इस देश में प्रोग्रेसिव मूवमेन्ट नहीं पनप पायेगा। इसके लिए उस दुख को समझना जरूरी है कि जो आज आपका है कल वो मेरा भी हो सकता है और यह जरूर है कि हमारी सामाजिक व्यवस्था धर्म द्वारा निर्धारित रही है चाहे वो हिन्दू-मुस्लिम या ईसाई हो। जाति व्यवस्था इतनी कठोर रूप में प्रतिबिम्बित रही है कि हम कभी भी अपने को दूसरे से जुड़ा हुआ महसूस ही नहीं कर पाते और ये हमारी वर्षों पुरानी परम्परा रही है। कंवल भारती जी ने कहा कि अंग्रेजों ने ये किया, वो किया लेकिन किसी भी तरह की गुलामी चाहे वो अंग्रेज करता है या चाहे वो देश का व्यक्ति करता है तो वो निन्दनीय है। उसे तो उखाड़कर फेंकना ही है किसी भी तरह से। दूसरी बात हमारे समय में जो बाजारवाद की बात आयी थी तो मैत्रेयी जी ने कहा कि उनके पास मोबाइल आ गया जिससे उनमें फ्रीडम आ गया। ये तो एक शुरुआती पहल हुई कि कम-से-कम जो स्त्रियाँ सामन्ती मूल्यों के तहत घर के अन्दर बन्द थीं इस तरह की वर्जनाओं से मुक्त होकर वो बाजार में आती हैं।

खण्ड-VI

संस्कृति, सामाजिक ज्ञान एवं साहित्य

विशेष व्याख्यान / मैनेजर पाण्डेय
उत्प्रेरक व्याख्यान / कमला प्रसाद
मुख्य व्याख्यान / पंकज राग, नन्द किशोर आचार्य
हेतु भारद्वाज, अवधेश मिश्र, कृष्ण मोहन

मैनेजर पाण्डेय

हमें इतिहास को नये ढंग से देखने की चिन्ता है। जबसे मानव समाज विकसित हुआ है तब से मुक्तिधर्मी कोशिशें होती रही हैं। मैं वर्तमान नहीं अतीत की चिन्ता करना चाहता हूँ। संस्कृति के इतिहास को जिस रूप में देखा जाता रहा है उससे भिन्न रूप में देखने की जरूरत है। मैं भारतीय समाज में परवर्ती काल के साहित्य पर ध्यान दिलाना चाहता हूँ। भारतीय समाज अन्धविश्वासों का दलदल है लेकिन इसमें एक तरफ कमल भी खिले हैं। अगर हम किसी एक पर विशेष ध्यान देंगे तो यह अनुचित होगा। दर्शन, साहित्य, चित्रकला एवं संगीत का विकास बिहार के कुछ हिस्सों में हुआ है। हिन्दी साहित्य के तीन कालों में भी रचनाएँ पढ़ी व रची गयी जहाँ सामन्ती सत्ता मौजूद थे (उदाहरण के लिए राजस्थान और मिथिला)। सामन्ती समाज तथा संस्कृति का आपस में कैसा सम्बन्ध है इसके लिए सामन्ती व्यवस्था की तरफ ध्यान देना आवश्यक है। सामन्ती व्यवस्था में दरबार अनेक व्यवस्थाओं का संस्रोत बनता था। सामन्ती जीवन को 3 हिस्सों में बाँटा गया था पहला राज दरबार दूसरा सामाजिक संस्था और तीसरा लोक जीवन। मौखिक एवं लिखित साहित्य का काल लोकजीवन में होता है। साहित्य अगर मौखिक से बाहर लिखित में आता है तो आशय की जरूरत होती है। सामन्ती दौर का इतिहास अब-तब में सबसे लम्बा (1000 वर्ष) रहा है। सामन्ती समाज और उसकी संस्कृति से जुड़े अनेक प्रश्न रहे हैं। भारतीय समाज के सामन्तकाल की संस्कृति के बारे में विचार करने वाले दो तरह के लोग होते हैं, एक परम्परावादी और दूसरे आधुनिक। सामन्तीवाद में संस्कृति की प्रक्रिया ऊपर से नीचे ही नहीं चलती। हर काल की संस्कृति की कुछ उदयमान परम्पराएँ और अविशिष्ट परम्पराएँ भी होती हैं। हम आज के समाज में सामन्ती मूल्यों की परिधि देख रहे हैं। सामाजिक ज्ञान में लोक संस्कृति के भीतर लोकगीत विकसित होते हैं और लोकप्रिय कविता को लोकजीवन की संजीवनी मानते हैं। हर युग की संस्कृति की एक व्यवस्था होती है जो जितनी समावेशी होती है उतनी जटिल भी होती है। कभी-कभी पुरानी सांस्कृतिक प्रक्रियाओं का विरोध करने में नयी संस्कृतियाँ उभरकर सामने आती हैं जो पुरानी सांस्कृतिक व्यवस्थाओं से विरोध करने

की प्रेरणा देती है। सामन्ती व्यवस्था और सत्ता का विकास सभी रूपों में अचानक नहीं हुआ जैसे कि पूँजीवाद का नहीं हुआ। भारतीय समाज के साहित्य के मध्यकाल की संस्कृति मौखिक रूप से निकलकर लिखित रूप में उभर रही है। मौखिक अवस्था का असर लिखित अवस्था के स्टेटिक्स को प्रभावित कर रहा है। कबीर, विद्यापति, जायसी महाकाव्य लिखने वालों ने यही लिखा है कि हम गीत लिख रहे हैं। साहित्य तीन काल से होकर गुजरा है जैसे मौखिक, लिखित, मुद्रित। रचनाकार को आलोचना करते वक्त संवेदनशील होने के साथ-साथ कल्पनाशील भी होना चाहिए। इसके बहुत सारे उदाहरण भी हैं हमारे समाज में जो इस कल्पनाशीलता को यथार्थ के धरातल पर चरितार्थ करते हैं। मुगल काल में चित्रकला में सांस्कृतिक संगम दिखाई देता था। मुगल काल में स्त्रियों ने फारसी में ज्यादा कविताओं का निर्माण किया। जबकि मुगलकाल के अधिकांश शासकों ने हिन्दी में कविताएँ लिखी हैं। भारत के भक्ति आन्दोलन में कवियों ने अपनी मातृभाषा में कविता लिखी। भारत में भाषाओं के इतिहास का यह सबसे क्रान्तिकारी वाक्य है जहाँ ज्ञानेश्वर के अर्जुन कृष्ण से कह रहे हैं, "संस्कृत मेरी समझ में नहीं आ रहा है कृपया मेरी मातृभाषा मराठी में बोलिए।" आगे ज्ञानेश्वर ने ज्ञानेश्वरी के अनेक अध्यायों में संस्कृत और मराठी की तुलना की हैं। मेरे पास सारे उदाहरण मराठी में मौजूद है मैं वो पढ़ूँगा नहीं। हमारे ज्ञान में जो पाखण्ड है उसका कोई ओर-छोर नहीं है। ये हमारे ज्ञान के पाखण्ड की परम्परा है कि मर जाने के बाद व्यक्ति की पूजा कीजिए लेकिन विचार की हत्या मत करिए। यह हजारों वर्षों से हो रहा है। इसी के शिकार गौतम बुद्ध, कबीर हो चुके हैं और इसके ताजा उदाहरण महात्मा गाँधी हैं। जिन लोगों ने गोली मारी वे भी अपनी सरकार बनाने के लिए राजघाट पर उपवास करते थे। पाखण्ड जीवन में छेपक की तरह आता है ये जो संघर्ष है संस्कृति का संस्कृति के विरुद्ध वो वहीं समाप्त नहीं हुआ। मराठी के दूसरे प्रसिद्ध सन्त थे इकनाथ उन्होंने लिखा संस्कृत बनाम लोकभाषा का संघर्ष वहाँ भी चल रहा है। एक मार्मिक छन्द उन्होंने लिखा—"संस्कृति वाणी ईश्वर ने बनाई है तो क्या लोकभाषाएँ चोरों के पास से आयी हैं?" इसलिए उन्होंने कहा कि ये सब मिथ्याभिमान है। जैसी संस्कृति वैसी ही लोकभाषाएँ। आगे चलकर जो परम्परा ज्ञानेश्वर और इकनाथ ने बनाई उसकी उन्होंने कीमत भी चुकाई। लगभग 3 महान सन्त कवि जो मराठी के थे उनको आत्मबलिदान करना पड़ा। ज्ञानेश्वर को 21 वर्ष की अवस्था में जीवित समाधि लेनी पड़ी। इकनाथ ने आत्महत्या की, तुकाराम जंगल में गये और वहीं से गायब हो गये। लगभग माना जाता है कि उनकी हत्या की गयी इसलिए मैं बस यह बात याद दिलाना चाहता हूँ कि मुक्तिधर्मी अभिमान बहुत पुराना है। हमारे पूर्वजों ने भी कुछ ऐसा किया है जो हमें याद करना चाहिए।

मध्य काल की संस्कृतियों को समझने के लिए उनकी लोक-संस्कृतियों को

भी समझना जरूरी है। आज हम जिस समय में रह रहे हैं वह बहुत सारी विडम्बनाओं से भरा हुआ समय है। आर्थिक और राजनीतिक स्तर पर भूमण्डलीकरण की बात हो रही है और सांस्कृतिक स्तर पर अस्थानीयता। ये पूँजीवाद के सर्वगामी विस्तार का दौर है जिसमें संस्कृति भी बाजार की वस्तु बन गयी है। पूँजीवाद कैसे संस्कृति का उपयोग करता है इसका एक उदाहरण है कि सामन्तवाद की संस्कृति की जो सर्जनाएँ थीं वे सब आज के दौर में पर्यटन उद्योग के केन्द्र में बदल गयी हैं। अजन्ता और एलोरा की गुफाओं का बस इतना उपयोग रह गया है कि उनसे मात्र फॉरेन एक्सचेंज प्राप्त होता है। जैसे दिलवारा का जैन मन्दिर, ताजमहल, कोणार्क मन्दिर इत्यादि। एक प्रमुख छायाकार ने कहा है, ''दी रोड ऑफ प्रॉफिट इज पेव्ड विथ कल्चर।'' पूँजीवाद के दौर में संस्कृति का यही मूल अर्थ रह गया है।

कमला प्रसाद

निर्धारित विषय को मैंने जैसे ग्रहण किया है उसके बारे में बात करूँगा। संस्कृति का विवेचन, संस्कृति की व्याख्या, उसकी परिभाषा हमेशा से अध्ययन का विषय रही है। ये संस्कृति मनुष्य निर्मित है इसलिए सारे अलंकरण जो इससे जुड़ जाते हैं वे अविश्वसनीय हैं और प्रामाणिक नहीं हैं। ये समुदायों के बीच जो जीवन्त है और समता का विकास है उसके साथ लगातार विकसित होती रही है। व्यक्तिगत तौर पर विकसित होने में व्यक्ति की भूमिका होती है। संस्कृति समृद्ध होती रही है, व्यापक होती रही है वह प्रवाहित होती रही है। एक काल खण्ड में विकसित संस्कृति दूसरे काल खण्ड को अपना प्रदेह देती रही है। इस तरह संस्कृति इतिहास को आगे बढ़ाने में और सभ्यता के विकास में अपनी मदद करती रही है। और जैसे-जैसे कुशल, दीक्षित, प्रभुत्व और अपनी क्षमताओं को समाज में विश्वसनीय बनाने के क्रम में मनुष्य आगे बढ़ता गया वैसे-वैसे संस्कृति सभ्य होती गयी। संस्कृति के दो तरह के मुख्य रूप हमारे सामने आते हैं संस्कृति का मूर्त रूप जिसकी चर्चा मनुष्य की सुरुचि को रहन-सहन, वेशभूषा, जीवन पद्धति, जीवन की शैली को देखकर होती है। ये सब उसके मूर्त रूप हैं। कलाकृतियों में भी यह मूर्त रूप परिलक्षित होते हैं। रचनाओं में, कविताओं में इनके मूर्त रूप दिखाई देते हैं। जिस तरह से रचनाकार पात्रों के जरिए चरित्रों का निर्माण करता है और सामाजिक सद्भाव प्रकट करता है उसमें हम संस्कृति का मूर्त रूप देखते हैं। हमारे तमाम महाकाव्यों की जो परम्परा रही है उस परम्परा में हम चरित्र शैलियाँ देखते हैं। उनके चरित्र में हम संस्कृति के विकास के अवयव देख पाते हैं। संस्कृति का दूसरा रूप उसकी अनुभूति और उसके चिन्तन में है। हमारे जीवन में न्याय-अन्याय, सत्य-असत्य एवं चिन्तन और सोच-विचार की व्याख्याओं की लम्बी परम्परा है जो हमारी संस्कृति का एक पक्ष है। चूँकि संस्कृति एवं सभ्यता मानव निर्मित है इसलिए एक दूसरे से यह गहरे रूप से जुड़े हुए होते हैं और दोनों एक दूसरे से प्रभावित होते हैं। समाज की जो स्थिति होती है और संस्कृति का जो रूप किसी काल खण्ड में दिखाई देता है जैसे उसकी कलाकृतियों में, उसके जीवन व्यापार में जो उसके रूप परिलक्षित होते हैं उसमें हम

संस्कृति को कई तरह से मूर्त होते हुए पाते हैं। संस्कृति की जो सामूहिकता है ये हमारे मनुष्य की सभ्यता और इतिहास के रूप से जुड़ा हुआ है। इतिहास समुदाय व सामुदायिक जीवन को एक ही तरह से नहीं रख पाया। इतिहास में वर्ग, वर्ण, जातियाँ, उपजातियाँ बन गयी तो यह जो समूह में काम करने की समग्र भावना आरम्भ में थी वो विखण्डित होने लगी तथा अलग-अलग समूहों में विभाजित होने लगी और इसने संस्कृति को भी इसी तरह विभाजित करना शुरू किया। हृदय और बुद्धि का झगड़ा बढ़ा अध्यात्म और भौतिकता का झगड़ा बढ़ा जो विभाजनकारी हैं। मनुष्य की सभ्यता, इतिहास और संस्कृति में एक प्रबल समुदाय समर्थक, जन-समर्थक चेतना का विकास हो रहा है। उसका बाधक, उसको अनेक तरीके से तोड़ने वाला व समाज पर कब्जा करने वाला है। वर्गों में चेतना का जो निर्माण होता है वह वर्गीय संस्कृति बन जाती है इस तरह ये जो विभाजन दिखाई पड़ता है जिसकी हम चर्चा करते हैं वे सब नेचुरल या स्पॉनटेनियस नहीं हैं। संस्कृति का एक लक्ष्य होता है कि उसमें अन्ततः स्पॉनटेनियटी का आते रहना जरूरी है स्पॉनटेनियटी भी स्थिर वस्तु नहीं होती। यह भावना की तरंग है, सोचने की दिशा है, बिना प्रयास के मनुष्य में लहराने वाली चीज है जैसे रचना के बारे में कहा जाता है कि उसका एक लक्षण स्पॉनटेनियस होता है। स्पॉनटेनियटी जिस तरह रचना का लक्षण है उसी तरह संस्कृति का भी लक्षण है। जब हम दूसरे तरह की वर्गीय संस्कृतियाँ देखते हैं और दूसरे तरह के समाज में संस्कृति के रूप व आकार देखते हैं तो यह ध्यान रखना चाहिए कि अगर उसकी खोज-खबर की जाये, जीन्स की स्टडी की जाये, उसके सामाजिक पर्यावरण का अध्ययन किया जाये तो मालूम पड़ेगा यह संस्कृति अस्वाभाविक है। एंजेल्स ने एक जगह कहा है कि जैसे प्रकृति की गति होती है और प्राकृतिक शक्तियों की गति होती है उसी तरह मनुष्य की शक्तियाँ होती हैं। उनमें रिश्ता होता है। रिश्तों के लगातार टूटने से अस्वाभाविकता पैदा होती है। दूसरी बात यह है कि जब मनुष्य अपनी शक्तियों को पहचानने लगता है तो प्रकृति का विनाशकारी रूप दिखाई पड़ता है। यह तो प्रकृति की स्वाभाविक प्रक्रिया है लेकिन मनुष्य को वो विनाशकारी दिखने लगती है तब जब मनुष्य सचेत हो जाता है अपनी शक्तियों के बारे में। प्रकृति की शक्तियों के बारे में जब वो चिन्तित होता है तो वह उससे बचने के उपाय सोचता है। बचने की यह चिन्ता भी संस्कृति और सभ्यता के विकास में मनुष्य की भूमिका को प्रबल, निर्णायक और प्रकृति की तुलना में अलग से पहचान दिलाने वाला होता है। संस्कृति की विशेषता होती है कि वो स्पॉनटेनियस होती है अतः इस बात को ध्यान रखना चाहिए कि रामसेतु या राम जन्म भूमि के झगड़े की तरह ही हमारी संस्कृति, हमारी विरासत, हमारे देवता की देन वगैरह-वगैरह को लेकर झगड़ते हैं यह अस्वाभाविक है। मनुष्य की संस्कृति के विकास में यह अस्वाभाविक कदम है और विरोधी भी। यह संस्कृति के मूर्त-अमूर्त

व मनुष्य निर्मित रूप है, इसमें आये हुए विभाजन हैं, समय-समय पर तीव्र गति से होने वाले विभाजन हैं। इन विभाजनों को संस्कृति के समानान्तर अध्ययन का विषय बनाया जाना चाहिए। यह कोई आज नहीं शुरू हुआ अगर हम काव्यशास्त्र की परम्परा देखें तो नाट्य शास्त्र में इसके लक्षण दिखाई देते हैं। इतिहासकाल में इसके प्रमाण भरे हैं। इवोल्यूशन की थ्योरी सारे चीजों को साफ करती है लेकिन कई ऐसे हैं जो उसे मानते नहीं हैं। समाज के विकास और समाज के ज्ञान के दो ध्रुव हमारे इतिहास में लगातार दिखाई देते हैं। एक ध्रुव यह है कि समाज को लोग समाज से ही विकसित और मनुष्य के विकास का ही एक रूप मानते हैं। वही सामुदायिक व मनुष्य निर्मित है। मनुष्य अपना समाज स्वयं बनाता है। मनुष्य ने एक राष्ट्र बनाया राष्ट्र से समाज बना फिर क्षेत्र बने तो क्षेत्रीय समाज बन गया, फिर जातियाँ बनीं तो जाति का समाज बन गया लेकिन कुल मिलाकर यह समाज मनुष्य निर्मित है। पुराणों, वेदों, हमारी दूसरी चित्रधाराओं के द्वारा सामाजिक ज्ञान की अनुभूति होती है कि समाज क्या है? समाज में हम कैसे रहते हैं? समाज की क्या भूमिका होती है? समाज में विभिन्न प्रकार के घटक हैं जो उनके अन्तर्सम्बन्ध के बारे में विवेचना करते हैं, मगर इसी के समानान्तर समाज के बारे में एक दूसरी धारणा है कि समाज अवतरित हुआ है, समाज को किसी ने रच दिया है। समाज को ईश्वर ने रचा है। ईश्वर की रचना कैसे हुई? पुराणों में ईश्वर की रचना कैसे हुई? ब्रह्मा, विष्णु, महेश की रचना कैसे हुई? एक भाववादी, आदर्शवादी और एक तरह से जिसे हम रसवादी चिन्तन प्रणाली के अन्तर्गत स्पष्ट देख पाते हैं, वैज्ञानिक रूप से विवेचन कर पाते हैं वो प्रकृति की सत्ता को नहीं मानते, वे समाज की और वस्तु की सत्ता को नेचुरल और विकासवान नहीं मानते। यह दूसरी आदर्शवादी, भाववादी समाज के ज्ञान के सम्बन्ध में प्रचलित परम्परा है। यह हर देश में पायी जाती है। जिनका इतिहास बहुत पुराना है उनके यहाँ तो यह भरा पड़ा है तमाम तरह के रूप एवं आकारों में। एथेन्स की संस्कृति और सभ्यता की बात आती है तो सुकरात के बारे में कहा जाता है कि उसी के जमाने में मायावाद शुरू हो गया था। वो कहा करता था कि न्याय की, अन्याय की, प्रेम की, मोहब्बत की सारी चीजों को परिभाषित करो नहीं इन सब तरह के तथ्यों से उसने देखा कि तर्क प्रणाली को खण्डित करने के लिए और इन सब की विश्वसनीयता को खण्डित करने के लिए तरह-तरह के प्रयत्न हो रहे हैं और जाल बिछाए जा रहे हैं तो वह उनसे लड़ाई करता था। इस समाज में ज्ञान के सम्बन्ध में जैसी-जैसी परम्पराएँ चलीं उसी तरह संस्कृति के क्षेत्र में भी चली और जगह-जगह इसके ये रूप दिखाई पड़ते हैं। मध्य युग की संस्कृति के बाद हमारे यहाँ जो संस्कृति के विकसित चरण दिखाई पड़ते हैं उनमें एक गहरी संश्लेषण की दृष्टि दिखाई देती है। हिन्दुस्तान के बारे में कहा जाता है कि यहाँ विभिन्न संस्कृतियों का समागम हुआ तमाम जातियाँ, उपजातियाँ यहाँ आयी और यहाँ आकर मिल गयी। समाज ने

उनको अपना लिया इसलिए संस्कृति ने भी उन्हें मिला लिया। इस प्रकार संस्कृति समावेशी और संश्लेषक रही है। आर्य और द्रविड़ की संस्कृति का संश्लेषण देखने पर पाते हैं कि हिन्दुस्तान में आर्य संस्कृति और द्रविण संस्कृति प्रमुख रूप से रही है और इन सबमें एक अद्‌भुत सामंजस्य है। इनमें अभी गंगा और यमुना का भेद है। दोनों संस्कृतियों ने एक-दूसरे को बदला और एक-दूसरे से काफी कुछ सीखा। बुद्ध ने हमारे देश की संस्कृति और समाज के विकास में बड़ा क्रान्तिकारी कदम उठाया उस दौर में हिन्दुस्तान में जितनी भी विचारधाराएँ मौजूद थीं उन सबका संश्लेषण और समावेश बुद्ध उपनयन द्वारा हुआ। तीसरा बड़ा संश्लेषण हुआ जब मुगलों का यहाँ आगमन हुआ।

हिन्दू संस्कृति तमाम तरह के संश्लेषणों को वहन करती हुई चली आ रही थी उसकी परम्परा और मुगल संस्कृति की संश्लेषण का हमारे यहाँ बहुत अद्‌भुत विस्तार हुआ और वो आज तक लक्षित है। उसके एविडेन्स जगह-जगह मौजूद है न केवल कलाकृतियों बल्कि स्थापत्य में, संगीत में, चित्रकला में, कलाओं के विविध रूप में जिसमें एक नयी हिन्दुस्तानी तहजीब नजर आती है। हिन्दुस्तान में इतना अद्‌भुत संश्लेषण मुगलों के आने से हुआ जिसे खुशी-खुशी हिन्दुस्तान की जनता ने स्वीकार कर स्वयं में परिवर्तन किया और वो परिवर्तन दिखता है।

अगला जो मोड़ आता है संस्कृति के सम्मिश्रण में और संस्कृति के रूप में वो अंग्रेजों के आने से आता है। अंग्रेज व्यापारी बन कर आये थे और आज भी वो व्यापारी हैं। ग्लोबलाइजेशन की नींव ईस्ट इण्डिया कम्पनी के आने से शुरू होती है। अंग्रेजों को बताया गया कि आपकी सबसे बड़ी राजनैतिक क्षति यह है कि आपने हिन्दू-मुस्लिम दोनों को फिर से एक होने दिया। इनको एक नेशनलिटी में शामिल होने दिया। इसको उन्होंने एक सूत्र वाक्य बना लिया और जब तक वे हिन्दुस्तान में रहे तमाम समझौते, प्रतिरोध, लड़ाई-झगड़े को बढ़ावा दिया कई जगह जब उनकी मजबूरी होती थी तो वे एक कदम पीछे भी चले जाते थे लेकिन अपनी प्रतिज्ञा को उन्होंने कभी नहीं भुलाया। उन्होंने इस बात का ध्यान रखा कि वे हिन्दी और उर्दू को बाँट दें, हिन्दू तथा मुस्लिम को बाँट दें, दोनों को वे एक-दूसरे का शत्रु बना दें, दो अलग तहजीब बना दें, दो नेशनैलिटी बना दें। कभी-कभी इतिहास की भूल लम्बे समय तक काम करती है और उसका शोधन बहुत मुश्किल से होता है। वो घाव हिन्दुस्तान और पाकिस्तान में आज भी मौजूद है, पाकिस्तान चूँकि एक अस्वाभाविक नेशनलिटी थी जिसके दो हिस्से हो गये इसलिए आज आप दोनों देशों के नागरिकों का नोस्टलजिया देखिए। उनकी पीड़ा देखिए। अगर ये राष्ट्रीयता का आधार है तो हमारी राष्ट्रीयता आधी क्यों नहीं बँटी। पाकिस्तान एक नेशनैलिटी नहीं बन पाया। ये अंग्रेजों का बोया हुआ बीज था हमारी संश्लेषण की प्रवृत्ति को आघात पहुँचाना और देश को दो टुकड़ों में बाँट देना ये अंग्रेजों की चाल थी और वे इसमें बहुत दूर

तक कामयाब हुए हमारी आजादी के बावजूद। आज संस्कृति के कई रूप प्रचारित होते हैं। हम डिफरेन्ट कल्चर की बात करते हैं। समाज का विशेषीकरण लगातार हुआ। इनमें अलगाव और विखण्डन पैदा हुआ, प्रतियोगिता पैदा हुई। समाज का जो रूप इस समय प्रचारित है साम्राज्यवाद के द्वारा जिस तरह का समाज परोसा जाता है जिस तरह के संस्कृति के बीज बोये जाते हैं दुनिया में एक-सा रहना, खाना, पीना, मीडिया, प्रदर्शनकारी कलाएँ, आस्ट्रेलिया या अमेरिका में बैठा हुआ मालिक जो चाहता है वही दूसरे विकासशील देशों में या हिन्दुस्तान में देखा जाता है। मीडिया भी उसी की वकालत करता है। ये भिन्नताओं बहुलताओं के ऊपर एक हमला है। अमेरिका की यूनिवर्सिटीज में जो विचार पढ़ाए जाते हैं, जो टेक्स्ट पढ़ाया जाता है, क्रिएटिव पीसेज पढ़ाए जाते हैं। इनके पास विचारकों की कमी है। इन सब विडम्बनाओं के शिकार मिडिल क्लास इन्टंलेक्चुअल्स है जो कभी संस्कृति के निर्माण में प्रमुख भूमिका अदा किया करते थे व सामाजिक प्राणी हुआ करते थे।

आजकल बौद्धिक प्राणी बनने की एक आदत शुरू हो गयी है, कितने लेखक और बुद्धिजीवी समाज में दिखाई पड़ेंगे जो एक्टीविस्ट को हेय दृष्टि से देखते हैं, उनका कहना है कि ये जो मण्डी कल्चर विकसित हो रहा है उसको गहरे से समझने की जरूरत है, उसके गहरे अन्तर्विरोध को समझने की जरूरत है, नयी संस्कृति जो दुनिया में बनाई जा रही है, बाजारीकरण हो रहा है संस्कृति का उसको समझने की जरूरत है। क्रिकेट मैच रिनाउण्ड क्रिकेटर आर बिकमिंग ब्राण्ड एमबैडर्स ऑफ कारपोरेट सेक्टर्स धारणा के बिना कोई संस्कृति नहीं बनती, कोई संघर्ष नहीं होता। आज का युवक इतना प्रतिभाशाली तथा कर्मवीर है उतना पहले वाला युवक नहीं था। वह अपनी जानकारी से किसी धारणा का निर्माण नहीं करता। वह इन्टरनेट मीडिया से धारणा ग्रहण करता है। आज की जो संस्कृति है उसमें परम्परा एवं संस्कृतिकरण के विशेषण हैं लक्षण हैं, जो सबको खण्डित करता हुआ आपके देश को दूसरे तरह से गुलाम बना रहा है। नये वेश में अमेरिका का जो हमला हुआ है वो किस तरह की संस्कृति का निर्माण करता है। किस तरह की समाज की कल्पना हमें देना चाहता है और इसमें से आजादी के पहले और बाद का साहित्य की उद्‌भावना क्या होने वाली है? ये सारी भूमिकाएँ चरणबद्ध रूप से हमारे सामने हैं। संस्कृति का जो नया रूप है इसने हमारी निर्मिति को नष्ट किया, हमारे हेरिटेज को नष्ट कर रहा है, अपने इन तमाम विविध आयामी हमलों के जरिए हमारी अस्मिता को भी नष्ट करने पर उतारू है।

पंकज राग

कल्चर या संस्कृति की आमतौर पर परिभाषा होती है वे ऑफ लाइफ। एक डच एन्थ्रोपोलॉजिस्ट ने परिभाषा दी थी कि कल्चर को सिर्फ वे ऑफ लाइफ की तरह नहीं देखना चाहिए, कल्चर एक वे ऑफ कॉनफ्लिक्ट भी हो सकता है। खासतौर से अगर आपको वे ऑफ लाइफ चलाना है तो आपको वे ऑफ कॉनफ्लिक्ट अपनाना होगा। बिना वे ऑफ कॉनफ्लिक्ट अपनाए जो आप वे ऑफ लाइफ चलाएँगे वो बहुत एकोमोडेटिंग होगा और उसके कई घातक परिणाम होंगे। 1857 के कॉन्टेक्स्ट में आप देखें तो धर्म का जो डेफनिशन दिया गया था वह बहुत संकीर्ण परिभाषा नहीं थी। इन दी कॉन्टेक्स्ट ऑफ 1857 दी डेफनिशन ऑफ रिलिजन वाज टू फाइट एण्ड स्ट्रगल। हर समय किसी भी शब्द की परिभाषा स्थायी नहीं रहती। यह समय के साथ-साथ बदलती रहती है। संघर्ष उसका एक बेसिक कम्पोनेन्ट होता है और कई बार ऐसा लगता है कि आज के कॉन्टेक्स्ट में इसे हम भूल गये हैं। मेरा विषय फिल्म संगीत है। रिकॉर्डेड संगीत में सामाजिक, आर्थिक चेतना किस प्रकार रही, कितनी रही, कहाँ तक रही, रही या नहीं रही, इसी पर संक्षिप्त रूप से मैं अपनी बातें रखूँगा। पहला रिकॉर्डेड संगीत भारत में 1903 में बना था। उस जमाने में मॉर्निंग ग्लोरी नामक ग्रामोफोन मशीन के तहत बहुत सारे सिंगर्स थे और अन्त में गाने के बाद अपना नाम बोलते थे। उस समय से लेकर अब तक 100 वर्ष से अधिक की यात्रा हो गयी है। भारतीय रिकॉर्डेड संगीत के सामने प्रॉब्लम्स रही, कुछ तकनीकी, कुछ व्यावसायिक, लेकिन साथ-साथ विषयवस्तु की भी चुनौती रही है। और यहाँ मैं बात करूँगा इस चुनौती के पहलू की, सामाजिक, राजनैतिक, सैद्धान्तिक, चेतना और उसमें आये परिवर्तनों के साथ किस तरह का अन्तर्सम्बन्ध भारतीय और खासतौर पर हिन्दी के रिकॉर्डेड संगीत का रहा है। आर्थिक अवस्था के रिकार्डेड संगीत की आप बात करें तो उसमें ज्यादातर शास्त्रीय, अर्धशास्त्रीय महफिली रचनाएँ, गजलें वगैरह होती थीं। उस वक्त एक तरह का सामन्ती संगीत का क्रेज था। 1930 के बाद जब फिल्म संगीत की शुरुआत हुई तो उसमें भी कुछ इस तरह के ट्रैंड्स रहे। ग़ज़ल, भजन, पारसी थिएटर शैली आदि का भी प्रभाव रहा। अक्सर रोमांस या

रूमानी विषयवस्तु को परम्परा, नाटकीय, शास्त्रीयता की पृष्ठभूमि पर रस भरे खेतों या तालों की तरह प्रस्तुत किया जाता था। कुछ वर्षों बाद फिल्म संगीत में लोक संगीत आया लेकिन उसका उपयोग भी ग्रामीण उत्सवों, त्यौहारों और नृत्यों को दिखाने में अधिक हुआ और ग्रामीण समुदाय के जो विकट सामुदायिक कन्सर्न थे उसको दिखाने में बहुत कम हुआ। 1930-1940 के संगीत की हम बात करें तो स्वतन्त्रता आन्दोलन के लहरों का प्रभाव धीरे-धीरे चौथे दशक के अन्तिम वर्षों में बहुत ज्यादा बढ़ने लगा था। फिल्मी और गैर-फिल्मी संगीत का इस पर प्रभाव था। यंग इण्डिया के कलर फ्लैग के एलबम के साथ वो रिकॉर्ड निकलते थे जिसको बहुत सारे कांग्रेस नेताओं का समर्थन भी मिलता था। गाँधी तथा अन्य नेताओं की प्रशंसा, त्याग और देश भक्ति लिए ऐसे रिकॉर्डस होते थे। इस वक्त भी भारतीय समाज के अन्दर व्याप्त कुरीतियों, वर्ग-विभेद, आर्थिक विषमताओं इत्यादि को विषयवस्तु बनाने की तरफ ध्यान तो गया लेकिन बहुत ज्यादा नहीं गया। एक तरफ त्याग का, स्वाभिमान का, एकता का राष्ट्रवादी स्वर इतना मुखर हो चुका था कि उसने इन बाकी ट्रेन्ड्स को एक तरह से इक्लिप्स कर दिया। अगर उन दिनों के ट्रेन्डस की हम बात करें तो हिन्दी फिल्म संगीत में अनिल विश्वास पहले संगीतकार थे जिन्होंने पहली बार समुदाय की आवाज के लिए कोरस का प्रयोग किया। उनके कई गीतों में राष्ट्रीय चेतना का स्वर मुखर है और उसी तरह की चेतना का स्वर जिसकी मैंने बात की है, पर कई गीत आये, विशेषकर महमूद की फिल्मों में उन फिल्मों का जो संगीत था उसमें भारतीय समाज के अन्दर व्याप्त वर्ग भेद, गरीबी, शोषण के खिलाफ और परिवर्तन के पक्ष में भी आवाजें उठीं। 'निराला हिन्दुस्तान' (1938) फिल्म का एक गाना था, "धनवानों—धनवानों गरीबों की परवाह करो।" 'कामरेड्स' में इसी तरह था "जागो-जागो सोने वालो अब तो हुआ सवेरा"। जन-चेतना की इस सामुदायिक आवाज को अभिव्यक्त करने के लिए न सिर्फ कोरस की जरूरत थी बल्कि एक बहुत ही चैतन्य और जीवन्त आरकेस्ट्रा की भी आवश्यकता महसूस हुई। अनिल विश्वास पहले संगीतकार बने जो 12 सदस्यीय आरकेस्ट्रा लेकर फिल्म संगीत में आये। लोक संगीत को इस प्रकार पहली बार स्थापित करने का श्रेय अनिल विश्वास को ही है जिन्होंने फोक या पॉपुलर की अपेक्षा क्लासिकल को नया डायमेन्शन दिया। सबसे महत्त्वपूर्ण बात यह भी है कि विषयवस्तु भले ही हमेशा राजनैतिक चेतना प्रधान न हो पर लोक-शैली का व्यापक प्रयोग करना मात्र भी एक तरह से इस बात को इंगित करता है कि व्यक्ति की अपेक्षा समुदाय का महत्त्व अधिक रेखांकित करने वाला होता है। जाहिर है ऐसी फिल्मों के लिए विषयवस्तु तो आवश्यक थी ही साथ ही जब तक विदेशी सत्ता थी तब तक स्वतन्त्रता की चेतना और आर्थिक विषमताओं के विरुद्ध संघर्ष का स्वर दोनों अपने औपनिवेशिक सत्ता के जाने के विरुद्ध तक एक-दूसरे से कई बार मिले-जुले भी रहते थे। इसी क्रम में 1946 की फिल्म 'धरती

के लाल' की चर्चा करें जिसमें ब्रिटिश साम्राज्यवाद और उसकी विश्वयुद्ध की नीति के कारण जो बहुत भयानक अकाल पड़ा था उस पर एक बहुत बढ़िया गीत बनाया था। रविशंकर ने, 'भूखा है बंगाल' जिसमें जमींदार और साहूकार पर बहुत कठोर प्रहार किया गया था भी उल्लेखनीय है। मुख्यधारा में ऐसे गीतों की कमी रही। मुख्यधारा में मेरा गीत के आपस में झगड़ों ने भारत को बर्बाद किया। दरअसल हिन्दी से कहीं अधिक अगर हम बेसिक क्लास डिवाइड या सामाजिक-आर्थिक शोषण के विरुद्ध आवाज की बातें करें तो हमें सलील चौधरी के बंगला गीतों में इसकी झलक देखने को मिलती है। यहाँ गरीब उपेक्षित किसानों को जमींदारों के विरुद्ध जगाना उनके लिए उतना ही महत्त्वपूर्ण था जितना सीधे-सीधे ब्रिटिश उपनिवेशवाद में स्वतन्त्रता के गीत कम्पोज करना। उनके गीत किसानों के प्रति आह्वान है। न्याय-प्रणाली पर भी उन्होंने गीत लिखे। स्वतन्त्रता के बाद भी उनके ऐसे गीत आते रहे। सलील की रचनाएँ इसलिए भी मशहूर थीं क्योंकि उन्होंने सताए हुए आम सर्वहारा वर्ग को संगीत का विषय बनाया। उनके संघर्षों को अपने संगीत में जगह दी और इतनी खूबसूरती से उन्होंने यह काम किया कि संगीत के क्षेत्र में कलात्मकता को उन्होंने नयी परिभाषा दी। कलात्मकता को एक तरह से अभिजात्य एकाधिकार से निकालकर उसे आम आदमी के पसीने और संघर्षों के बीच स्थापित किया। स्वतन्त्रता के तुरन्त बाद एक आशा-उल्लास का दौर आया मानो सब कुछ ठीक हो जायेगा। लेकिन शीघ्र ही इसका मोह भंग भी शुरू हुआ। सामाजिक, आर्थिक विषमताओं और पूँजी की ताकत का एहसास उन्हें होने लगा। फिल्म संगीत पर इसका असर भी बहुत ज्यादा नहीं है। 60 के दशक तक जो थोड़े ऐसे ट्रेन्ड्स थे वो भी कम होते गये। दर्द-निराशा में रूपान्तरित हो गये। हेमन्त कुमार के 'खामोशी' और 'सन्नाटा' जैसे फिल्मों के संगीत में एक गहन उदासी और सेन्स ऑफ एलाइनेशन मिलता है लेकिन वह बहुत ही व्यक्तिगत स्तर पर मिलता है।

लोकसंगीत भी मेलोडी और विविधता के कारण ही आ रहा था जैसे स्वतन्त्रता के पहले गुलाम हैदर लाया करते थे। ये कभी भी ऐसे डायमेन्शन नहीं ले पाया कि जो सबअल्टर्न ग्रुप हैं उनकी आशाओं-निराशाओं या अपेक्षाओं के सामूहिक स्वर के रूप में एक विशिष्ट आबाज बने। फिल्म्स में कभी-कभी विषयवस्तु का अभाव रहता है कि ऐसे संगीत नहीं बनाये जा सकते लेकिन जहाँ विषयवस्तु उपर्युक्त थी वहाँ भी ऐसी अभिव्यक्तियों को यदा-कदा ही जगह मिली। 'गोदान' पर फिल्म बनी लेकिन उसके अधिकांश गीत बड़े ही फेस्टिव और उत्सवी गीत हैं। पश्चिम से जैज का प्रभाव शंकर जयकिशन पर 60 के दशक के अन्त तक बहुत ज्यादा आया। जैज के साथ जो विचारधारा जुड़ी थी वह विचारधारा इस समय के भारतीय संगीतकारों के संगीत में बिल्कुल नहीं आयी। नयी धारा की फिल्मों का जो संगीत है जो सोशियली पॉलिटिकली रिलेवेन्ट फिल्में हैं उसमें भी इस तरह के संगीत को जगह

नहीं मिली। उदाहरण के लिए आप श्याम बेनेगल की निशान्त को देखिए। उसका अन्त देखिए जिसमें ग्रामीण सामन्ती व्यवस्था तथा जमींदारों के प्रति विद्रोह करते हैं। शास्त्रीय संगीत अभिजात्य संगीत है वो कभी संघर्ष का संगीत नहीं हो सकता। प्रगतिशीलता और शास्त्रीयता का यह कद कई बुद्धिजीवियों में भी मिलता है क्योंकि एक तरफ आम सोशियली, पॉलिटिकली रिलेवेन्ट फिल्म्स बना रहे हैं और उन फिल्मों को अच्छा सिनेमा बता रहे हैं लेकिन इन फिल्म्स में वही क्लासिकल संगीत देते हैं। शायद अभी तक आप यह नहीं जान पाये हैं कि क्लासिकल से परे जो पापुलर राजनैतिक, सामाजिक संगीत है वो एक अच्छा संगीत हो सकता है। भजनों, गजलों का भी अपना दौर रहा है। लेकिन ये सब एक्जेप्शन्स है। लोकसंगीत का एक बहुत बड़ा संग्रह ऑल इण्डिया रेडियो ने जरूर किया लेकिन वे सभी गीत भी त्यौहार, संस्कारी गीत ही रहे। आज जब हम ग्लोबलाइजेशन और बाजारवाद के युग की बात कर रहे हैं, जब राजनीति का अर्थ ही बदल गया है। संगीत को एक स्टॉक म्यूजिक की तरह स्टोर किया जाता है। अब इसके कारण यहाँ विचारों की जगह और भी कम हो रही है जिससे सारे अर्थ ही बदल गये हैं तो राजनीतिक, आर्थिक, सामाजिक चेतना के गीतों की हम बात क्या करें। संगीत को मैं बहुत व्यापक अर्थ में ले रहा हूँ। ये सिर्फ कम्पोजिशन नहीं है।

नन्द किशोर आचार्य

संस्कृति मेरी दृष्टि से मनुष्य का निरन्तर गत्यात्मक आत्मसृजन है। एक कॉन्सेप्ट के रूप में अगर संस्कृति को समझने की कोशिश करें तो वो मनुष्य जाति का आत्मसृजन है। जैविक रूप से जो मनुष्य पैदा हुआ है। वो प्रकृति की देन है लेकिन मनुष्य के रूप में अपने आप को कैसे पहचानता है, जानता है और उसे जानने के रूप में अपने आप को वैसे वो रचता है यही संस्कृति है। ये जड़ प्रक्रिया संस्कृति नहीं है और समस्या तब पैदा होती है जब हम उसे जड़ मानते हैं। तब हम उसे एक खास तरह का नाम देते हैं जैसे हिन्दू संस्कृति, भारतीय संस्कृति इत्यादि। ये सब इसलिए होता है क्योंकि मनुष्य जो अपना आत्मसृजन करता है वो एक विशेष परिवेश में करता है। एक विशेष परिस्थिति, समूह और ऐतिहासिक परिस्थिति, सामाजिक परिस्थिति में करता है। उस परिवेश की वजह से कुछ खास तरह की विशेषताएँ या लक्षण उसमें विकसित होते हैं जिसके कारण उसे भिन्न धर्मों की पहचान दी जाती है। पहचान देना ही जड़ करना है। नाम देना पहचान को जड़ करना है। संस्कृति को कॉनफ्लिक्ट के अर्थ में भी समझ सकते हैं। उसकी प्रक्रिया में कॉनफ्लिक्ट भी शामिल है। क्योंकि आत्मसृजन कभी रुकता नहीं है और जब रुकता है तब कॉनफ्लिक्ट होता है। वह किसी वर्ग के दबाव के कारण भी रुक सकता है। सत्ता दबाव, वैचारिक गूढ़ता के कारण भी रुक सकता है। कहीं आपको अपने आप से कानफिलिक्ट करना होता है कहीं परिवेश से लेकिन उस संघर्ष के बिना वो आगे बढ़ता भी नहीं है। संस्कृति को बन गयी वस्तु की तरह न देखें। उसे बनती हुई वस्तु की तरह देखें और उन स्थितियों को पहचानने की कोशिश करें जो इस आत्मसृजन को रोकते हैं। ये अवरोध कोई भी विचार पैदा कर देता है जो अपने आप को अन्तिम मानते हैं। मनुष्य के लिए जो नियम बना दिये गये हैं वो अन्तिम हैं और इन नियमों को जो तोड़ने की कोशिश करता है वो दण्ड का भोगी है। किसी भी विचार को अन्तिम मान लेना मनुष्य के सोचने की सम्भावना को खत्म कर देना है। ये मूल्यों का संघर्ष नहीं है। यह जो मूल्य इतिहास की प्रक्रिया में खास रूप ग्रहण करते हैं ये उनका संघर्ष है। इतिहास कुछ खास तरह के मूल्यों की तरफ संकेत करता

है कि मनुष्य जाति का विकास किस दिशा में हो रहा है। मनुष्य के दैनिक जीवन के विकास की प्रक्रिया में मनुष्य नामक प्राणी जब आता है तो उसमें एक स्वतन्त्र चेतना विकसित होती है। ये स्वतन्त्र चेतनाएँ उसके जैविक विकास का परिणाम है। आप सामर्थ्य पा लेते हैं कि प्राकृतिक विकास की प्रक्रिया में हस्तक्षेप कर सके। ये सामर्थ्य के मिलने से कई तरह के मत और भिन्नताएँ पैदा होती हैं। एक वैचारिक दृष्टि से चीजों को समझने की शक्ति में हमेशा स्वार्थ नहीं होता। मनुष्य एक स्वतन्त्र विचारक है और अपनी विचार की प्रक्रिया के माध्यम से कुछ खास तरह के निष्कर्षों और मूल्यों की तरफ जा रहा है। हमें अन्य व्यक्तियों के विचारों का सम्मान करना चाहिए। ये हमारे संस्कृति के विकास के लिए सर्वाधिक महत्त्वपूर्ण हैं। मनुष्य के आगे का विकास उसकी चेतना का विकास है। चेतना के विकास में जो चीजें बाधाएँ पैदा करती हैं उनको ठीक-ठीक समझ उन लोगों को होनी चाहिए जो संस्कृति के विकास की बात करते हैं। ग्लोबलाइजेशन एक इतिहास विरोधी प्रक्रिया है क्योंकि वो मनुष्य का सिर्फ केन्द्रिक अस्तित्व बनाए रखना चाहती है। विकास की प्रक्रिया जो बनी है वो मनुष्य की सम्पूर्ण जाति की विकास की प्रक्रिया को उलट देने की कोशिश हैं। ग्लोबलाइजेशन एक खास तरह की टेक्नॉलाजी का परिणाम है। मैं नहीं मानता कि साहित्य या कलाएँ संस्कृति की अभिव्यक्ति हैं। मैं मानता हूँ कि वो उसकी रचना-प्रक्रिया है। ये सिर्फ आत्मसृजन के माध्यम हैं। आप साहित्य को स्वयं एक ऐसी प्रक्रिया मान रहे हैं जिसकी अपनी कोई वेलिडिटी नहीं है। समाज को, मनुष्य को समझने की प्रक्रिया नहीं है। बहुत सारी चीजें आप उन्हीं माध्यमों से जान सकते हैं जो कि कला की प्रक्रिया रही है। दर्शन विकास की चेरी है। उन प्रक्रियाओं की वैधता को अगर हम स्वीकार नहीं करते हैं तो साहित्य, कलाएँ और सभी कला-विधाओं का फार्म भी इम्पोरटेन्ट हो जायेगा क्योंकि फार्म उसकी ज्ञान मीमांसा है जिसके माध्यम से आप उस तक पहुँचते हैं। अलंकार जानने की शैली है। इस फार्म की बारीकी को अगर हम नहीं समझेंगे तो आत्मसृजन का जो व्यक्तित्व है उसको हम नहीं समझ पायेंगे और रिड्यूस कर देंगे एक खास कॉनसेप्ट के अन्दर और अधिकांश हमारा साहित्य समाज आलोचना यही काम कर रही है कि वो उसको रिड्यूस कर रही है एक अवधारणा में। अनुभव की जटिलता को हम एक अवधारणा में रिड्यूस कर देंगे। सबसे बड़ा खतरा यह है कि मनुष्य को अवधारणा मत बनाइए।

डॉ. हेतु भारद्वाज

उपस्थित मित्रों,

मेरे लिए नये सिरे से संस्कृति को परिभाषित करने से जरूरी है उस संस्कृति को समझना जो हमारे चारों ओर बन रही है। यह जानने से पहले हमें यह भी समझ लेना चाहिए कि बिना मूल्य व्यवस्था के कोई संस्कृति सम्भव नहीं है। किन्तु आज हम जिस सांस्कृतिक माहौल में खड़े हैं वहाँ मूल्य-व्यवस्था लगभग ध्वस्त हो चुकी है। नये दौर में सामूहिकता, जो हर काल की संस्कृति का आधार है, लगभग गायब है। मुक्तिबोध ने कहा था, कि कोई भी बड़ी लड़ाई अकेले नहीं लड़ी जा सकती। किन्तु हम इतने व्यक्तिवादी हो गये हैं कि हमें अपने और अपने लाभ के अलावा किसी की चिन्ता नहीं है। जो संस्कृति पनप रही है उसमें सामूहिकता का स्थान व्यक्तिवाद ने लिया है। व्यक्तिवाद का ही परिणाम है कि मनुष्य अपने आप में सिमटकर अपने को असुरक्षित महसूस कर रहा है। उसका व्यक्तिवाद उसे असुरक्षा प्रदान कर रहा है क्योंकि उसका किसी तरह की सामूहिकता से सम्बन्ध विच्छेद हो गया है। असुरक्षा के इस दौर में व्यक्ति कर्मकाण्ड में अपनी सुरक्षा खोज रहा है। संशयग्रस्त व्यक्ति सोचता है कि अब कर्मकाण्डीय उपक्रम ही उसे संकटों से बचा सकते हैं। इसलिए आज जिस संस्कृति का निर्माण हो रहा है वह कर्मकाण्ड, अन्धविश्वास, पाखण्ड तथा अवैज्ञानिक तत्त्वों पर टिकी है। समाज का हर वर्ग इस दौड़ में शामिल है। धनाढ्य तथा नव-धनाढ्य वर्ग तो पूरी तरह कर्मकाण्ड की गिरफ्त में है। वास्तुशास्त्र, ज्योतिष, विशेषकर पूजा-अर्चनाएँ उसकी नियति बन गयी हैं। इस संस्कृति का सबसे दुखद पहलू यह है कि इस कर्मकाण्ड का गठजोड़ बाजार के साथ हो गया है। हमारे चैनलों पर अब बहुमुखी रुद्राक्ष, अँगूठियाँ, लक्ष्मीयन्त्र, रक्षा-स्तोत्र, रक्षा-कवच, तन्त्र और यन्त्र बिक रहे हैं। जाहिर है इस वातावरण में किसी प्रकार के वैज्ञानिक चिन्तन की कोई गुंजाइश नहीं है। मेरे कहने का तात्पर्य यह है कि हम जिस सांस्कृतिक दौर से गुजर रहे हैं उसमें वैज्ञानिक चेतना का पूर्ण अभाव है तथा कर्मकाण्ड, अन्धविश्वास और पाखण्ड का वर्चस्व है।

इस व्यक्तिवादी और पाखण्डपूर्ण समय में जीवन-मूल्य के स्थान पर पैसा सबसे

महत्त्वपूर्ण कारक बन गया है जिसके बल पर समाज में प्रदर्शन और झूठे दिखावे के आधार पर समाज में वर्ग बन गये हैं। अब गरीब-अमीर का भेद जैसे छोटा पड़ गया है। अब एक ही नगर में अलग-अलग कालोनियों में रहने के आधार पर ही वर्ग बन गये हैं। दिल्ली में बसन्त कुंज, ग्रेटर कैलाश जैसी पाँच कॉलोनियों के बाशिन्दों का समाज करोल बाग या कमला नगर जैसी बस्तियों में रहने वाले समाज से सर्वथा भिन्न है। जयपुर में सी-स्कीम तथा वैशाली नगर के निवासी बरकत नगर या महावीर नगर के निवासियों से भिन्न है। इस तरह के अन्तर का कोई औचित्य नहीं है। जिसके पास मर्सिडीज कार है वह उस व्यक्ति से कहीं बड़ा है जिसके पास स्पार्क कार है। इस तरह के बनावटी और वैभवधारित अन्तरों के कारण हमारा समाज न जाने कितने वर्गों में बँट गया है। इतना ही नहीं समाज में हमारा स्तर इस बात से भी तय होता है कि हमारे बच्चे किस स्कूल में पढ़ते हैं। गत दिनों अखबार में पढ़ा था कि दिल्ली के हैबीटेट सेन्टर की कैण्टीन में एक परिवार को खाना खिलाने से इसलिए मना कर दिया गया कि वे लोग अपने नौकर को अपने साथ टेबिल पर बिठाकर खाना खिलाना चाहते थे। यह हमारे समाज की संस्कृति है जिसमें सर्वश्रेष्ठ धनाढ्य की सर्वश्रेष्ठ नहीं सर्वाधिक पैसा लेने वाले कलाकार की, मैन ऑफ दी ईयर, सहस्राब्दि कलाकार आदि की गणना होती है। आई.आई.एम से निकले उस युवक की चर्चा होती है जिसे विदेश में करोड़ों का अनुबन्ध मिल जाता है। लोग चर्चा करते हैं कि एल. एन. मित्तल के पास इतना धन है कि वह उसके सहारे दो साल तक किसी होटल में रह सकता है। अब आप ही देखें कि इस तरह की बातों में आकण्ठ डूबे समाज की संस्कृति की क्या दशा होगी?

इसी व्यक्तिवाद का परिणाम है कि हमारे समाज में साम्प्रदायिकता बढ़ रही है, जातिवाद बढ़ रहा है, अपराधीकरण बढ़ रहा है और सामाजिक असमानता बढ़ रही है। हम लोग सहिष्णुता को खोते जा रहे हैं। रुशदी और तसलीमा के मामलों में हमारी असहिष्णुता उजागर हो गयी है। हम जो संस्कृति बनाने की चेष्टा कर रहे हैं उसमें यन्त्र हैं, वस्तुएँ हैं, सूचनाएँ हैं और अमानवीय प्रतिद्वन्द्विताएँ हैं। यह आक्रामक राजनीति का दौर है। यहाँ घृणा और हिंसा का ताण्डव है। समाज को खण्डित करने वाले तत्त्वों की बहुलता है। हम 'जोधा-अकबर' जैसी सतही फिल्मों पर विवाद कर सकते हैं। उन मुद्‌दों पर विवाद छेड़ सकते हैं जिनसे हमारे समाज का हित नहीं हो सकता। क्या वजह है कि जातिवाद का उभार फिर से भयानक रूप लेता जा रहा है? क्या कारण है कि धार्मिक कट्टरपन और अधिक बढ़ रहा है? राजनैतिक विखण्डन के नये-नये रूप हमारे सामने आ रहे हैं।

तो, हम जिस संस्कृति को बढ़ावा दे रहे हैं उसका मानवीय मूल्यों से सम्बन्ध नहीं रह गया है। जहाँ तक ज्ञान का सम्बन्ध है, यह सूचनाओं के आक्रमण का दौर है। एक ऐसा समाज पनप रहा है जिसके पास सूचनाओं का अम्बार तो है पर कोई

नैतिक या जीवन दृष्टि नहीं है। हम यह तो बता सकते हैं कि किस युवक को डेढ़ करोड़ अनुबन्ध मिला है, पर यह नहीं सोचते कि हजारों की संख्या में निकलने वाले युवकों में केवल एक को ही तो यह प्रस्ताव मिला है औरों का हाल हम नहीं जानना चाहते। हमारे पास नये सामान, नयी कारें, नये इलेक्ट्रॉनिक उपकरणों की सूची है पर उन मूल्यों की जानकारी नहीं है जो एक सभ्य समाज के निर्माण के लिए जरूरी होते हैं। राजनीति हमारे लिए साँस लेने की तरह अपरिहार्य बन गयी है, पर हम जो राजनीति कर रहे हैं वह अस्मिताओं के नाम पर संकीर्णता का पर्याय है। कभी हम दलित राजनीति करते हैं तो कभी स्त्री-अस्मिता का नाम लेकर स्वार्थ की रोटियाँ सेंकते हैं। कोई जन-संगठन ऐसा नहीं है जो सही मुद्दों की पक्षधरता करे। मुम्बई में राज ठाकरे की राजनीति पर कोई कार्यवाही नहीं हो रही। कैसी विचित्र स्थिति है कि जब ठाकरे को मुसलमानों का विरोध करना हो तो मुम्बई के सभी निवासियों का सहयोग चाहिए, पर जब वे बिहारियों का विरोध करते हैं तो उनके लिए बिहारी हिन्दू नहीं रहते। पर न सरकार राज ठाकरे के खिलाफ कुछ कर पायी न कोई जन संगठन ही। जो ज्ञान हमारे पास है वह हमें साहस के स्थान पर कायरता दे रहा है सच कहने का हौसला सामूहिक और व्यक्तिगत दोनों स्तरों पर कम हो रहा है। सच की रक्षा के लिए कहीं साहस नहीं दिखता। इसका कारण यही है कि हमारे ज्ञान में वैज्ञानिक चेतना का अभाव है, मूल्य व्यवस्था के प्रति जागरूकता का अभाव है। अस्मिता के नाम पर हम अपने-अपने देवताओं और महापुरुषों को खोज रहे हैं। अपनी-अपनी भाषा की बात कर रहे हैं, प्रादेशिकता की बात कर रहे हैं। वैज्ञानिक चेतना के अभाव में हम या तो वस्तुएँ हैं या यन्त्र।

मुख्य बात यह है कि इस दौर में मनुष्यता के सवाल पीछे छूटते जा रहे हैं, गरीब और गरीब हो रहे हैं। वंचितों के साथ उन वंचितों की भी सहानुभूति नहीं है जो आरक्षण के आधार पर आगे आ रहे हैं। वस्तुतः गरीब के पक्ष में अब कोई नहीं है। जो लोग गरीबों के सहयोगी बनने का पाखण्ड करते हैं वे अपने ही स्वार्थों को साधते हैं। ऐसे में साहित्य से यह उम्मीद की जाती है कि वंचितों की पक्षधरता करें। पर साहित्य के पैमाने भी बदल गये हैं। साहित्यकार की श्रेष्ठता का मानदण्ड उसका रचनाकर्म नहीं, उसकी लाभ देने की हैसियत है। यहाँ भी कम सुनने को मिला कि सांसद किसी की जाति बदल सकता है, यूनिफार्म से समानता की भावना बढ़ती है, पश्चिमी उत्तर प्रदेश में ऐसे परिवार पनप रहे हैं जिनमें एक ही भाई शादी कर अपने परिवार का विकास कर रहा है। जब हम अपने विद्वान साथियों से सुनते हैं कि किन-किन विषयों पर लेखक को लिखना चाहिए तो हैरत होती है। जब हमारे समर्थ सम्पादक एक गैर-जिम्मेदार सूची बनाकर लेखकों का नाम-परिगणन करते हैं तो आश्चर्य होता है। गुटबन्दी इस सीमा तक है कि हम उन रचनाओं को कालजयी बनाने का प्रयास कर रहे हैं जो हमारे सांस्कृतिक प्रतिमानों का अपमान करती है।

मेरी बात आपको अतिरंजनापूर्ण लग सकती है पर मुझे यह कहने में कोई संकोच नहीं है कि साहित्य में जातिवाद का पूरा हस्तक्षेप हो रहा है जिसके कारण किसी रचना को महान सिद्ध करने के लिए निष्कर्ष पहले ही तय कर लिए जाते हैं। इसमें सन्देह नहीं कि दलित साहित्य के उभार ने साहित्य को एक नयी दिशा दी है। किन्तु दलित साहित्यकार जिस संकीर्णता के साथ सवर्णों पर आक्रमण करते हैं और गत पाँच हजार साल के शोषण का हिसाब माँगते हैं तो क्या वे भाजपा के उस तर्क को मजबूत नहीं करते जिसके तहत भाजपाई मुसलमानों को इसलिए हिकारत के साथ देखते हैं कि उनके पूर्वजों ने हम पर अत्याचार किये थे।

स्त्री-विमर्श देह से आगे नहीं बढ़ पा रहा है और जीवन के बड़े सवाल पीछे छूट रहे हैं। गम्भीर विमर्श लगभग नहीं हो रहे हैं। साहित्यकार भी सच कहने से बचने का प्रयास कर रहे हैं। कभी-कभी हम ऐसे उदाहरण पेश करते हैं कि उनसे बड़ी समस्या के निदान में कोई मदद नहीं मिलती। हमारी लड़ाई साम्प्रदायिकता से है। पर हम अपनी खोजों के आधार पर यह तय कर दें कि अकबर या औरंगजेब ने हिन्दी में कविताएँ रची थीं तो साम्प्रदायिकता को मिटाने में हमें कोई मदद नहीं मिलती। एक ओर हम सामन्तवाद का विरोध करते हैं दूसरी ओर सामन्तों की अभ्यर्थना कि उन्होंने हिन्दी में कविताएँ लिखीं।

तथापि इस निराशाजनक परिदृश्य में हमें अपनी साहसिकता को कम नहीं होने देना है। ऐसे समय में जब समाज में सभी वर्ग समाज को खण्डित करने वाले तत्त्वों को बढ़ावा दे रहे हैं, साहित्य समाज को जोड़ने का प्रयास कर रहा है। मूल्यहीनता के इस दौर में भी साहित्य की मूल चिन्ता मूल्यों को बचाने और नये मूल्य निर्धारित करने की है। आज भी साहित्य की बुनियादी चिन्ता उस मनुष्य के अधिकारों की है जो कतार में सबसे पीछे है। साहित्य की यही ताकत उसे और जरूरी और प्रासंगिक बना रही है। इसलिए साहित्य की प्रतिज्ञाएँ मनुष्य के अस्तित्व को बचाए रखने की प्रतिज्ञाएँ हैं।

कृष्ण मोहन

हर पीढ़ी में ऐसे लोग हैं जो नये विचार और नये चेतना की जरूरत को महसूस करते हैं और उसको समझते हैं। जीवन-शैली संस्कृति की ऊपरी अभिव्यक्ति है। उसकी आत्मिक अभिव्यक्ति हमारे मूल्यों में है। जिस चीज से हमारे जीवन को अर्थ मिलता है वो मूल्य है। जब मूल्य अलग-अलग होते हैं तो उनमें आपस में टकराव और संघर्ष होता है। संस्कृति को मूल्यों के संघर्ष के रूप में परिभाषित करना चाहिए। मनुष्य की एक प्रवृत्ति है वो सबसे ज्यादा विचार भीरु प्राणी है। हर तरह के खतरे उठा लेता है लेकिन अपने मूल्यों को छोड़ना उसके लिए सबसे खतरनाक होता है। जो लोग जीवन को दाँव पर लगा देते हैं वो अपने विचारों से संघर्ष नहीं कर पाते। आज एक विडम्बनापूर्ण स्थिति यह है कि नये रास्ते पर चलने पर तो कई खतरों का सामना करना पड़ सकता है। तात्कालिक रूप से जो कूड़ा साम्राज्यवाद का आ रहा है उससे डरने की जरूरत नहीं है। रास्ते तलाशने की जरूरत है। अगर इतिहास को हमने जड़ तरीके से स्वीकार कर लिया है तो उसको अलग ढंग से देखा जाना चाहिए। परम्परा एक छिन्न प्रवाह है जिसमें नयी-नयी छलाँगें लगती रहती हैं। बुनियादी संघर्ष पीढ़ियों के आधार पर होते हैं। देश या समाज को इसे समझने के बहुत तरीके हैं। एक बहुत ही विशिष्ट तरह का वैचारिक संघर्ष हमारे समाज में चल रहा है। उसको सिर्फ मैं सूत्रवत करना चाहूँगा। मेरा यह कहना है कि सत्य का इनकार करना, ज्ञान की भावना का निषेध करना ठीक नहीं है। यह जटिलतावाद कुछ नहीं है संशयवाद है। दिक्कत यह है कि हमारे देश के ज्यादातर मार्क्सवादी इस चक्कर में पड़ गये हैं। मोर और लेस मार्क्ससिट है इन्हें अन्तर्विरोध और द्वन्द्व दो चीज पता है और जो साबित करना चाहते हैं इसी से करते हैं। द्वन्द्ववाद में और अन्तर्विरोधों की थ्योरी में एक प्रधान अन्तर्विरोध का कॉनसेप्ट है। सारे मार्क्सवादी इसे जानते हैं। किसी वस्तु का चरित्र उसके प्रधान अन्तर्विरोध से तय होता है। द्वन्द्वात्मक का मतलब है कि द्वन्द्व है लेकिन किसी भी विशेष समय में वस्तु का एक विशेष चरित्र है जो

परिवर्तनशील है। द्वन्द्वात्मकता का सार यही है। विशेष चरित्र की बात किये बिना अगर आप द्वन्द्वात्मकता की बात कर रहे हैं तो आप पोस्ट मॉडर्न हैं। ये अन्तर्विराधों का पुंज जटिलतावाद है। ये भारतीय समाज में नहीं चल सकता। समाज में एक्टीविज्म जरूरी है लेकिन उसके लिए सही विचार आना जरूरी है जिसके लिए इन गोष्ठियों की उपयोगिता जरूरी है।

अवधेश मिश्र

मित्रों अभी से मैं यह स्पष्ट कर दूँ कि मैं जो बोलने जा रहा हूँ, उसकी ट्रेजडी स्वतन्त्रता के पश्चात् शुरू होती है और विषय चूँकि संस्कृति से सम्बन्धित है इसलिए विचार पहले संस्कृति पर कर लिया जाये। बीच-बीच में रिफरेन्स के लिए हम स्वतन्त्रता के पहले भी जायेंगे। मेरी इस बात से सहमति है कि स्वतन्त्रता के पश्चात् संस्कृति क्षेत्र में जो वृहद् आख्यान रचा गया उसको उपनिवेश के दौरान जो एक कालोनियल कन्स्ट्रक्ट हो रहा था संस्कृति का हमारे राष्ट्रवादियों और इण्डोलॉजिस्टों के माध्यम से। और वहाँ भी एक वृहद आख्यान रचा जा रहा था वो उसको रिप्लेस करने की कोशिश में और अधिकार को वापस लाने की कोशिश में राजकीय संरक्षण में एक वृहद आख्यान रचा गया, जिसमे बहुत ऐसे समुदाय अस्मिताएँ थीं जिनकी उपस्थिति सहज नहीं थी। लेकिन जो राजकीय संस्कार हमें बताया गया और तमाम माध्यमों से हमारे सामने रखा जाता रहा उसमें बताया गया कि अम्बेडकर आधुनिक मनु थे। एक ही टेक्ट्स बुक में याज्ञवल्क्य भी महान होते थे और गार्गी भी महान होते थे और जो चैलेंज कर रहा होता है वो भी महान है। स्वतन्त्रता के पश्चात् ऐसा रहा कि ये सारी चीजें हीरा-मोती मानी जाती रहीं लेकिन उसको पूर्ण स्वीकार किया गया हो ऐसा नहीं है और समय आने पर इनके खिलाफ इनसे संवाद करते हुए कुछ ऐसी बात सामने आयी जो विभिन्न जन-आन्दोलनों से कुछ राजनीतिक, सामाजिक परिवर्तनों से नारीवादियों के आन्दोलनों में यह बातें सामने आयी और जो असहज स्थितियाँ थीं और इनके कारण जो गड़बड़ियाँ आ रही थीं वो कुछ-कुछ ठीक भी होती रहीं और कोशिश कितनी हुई इस पर हम विचार भी करेंगे लेकिन हाँ कोशिश हुई भी। मैं महिला सन्दर्भ में बात करते हुए दो टेक्स्ट की तरफ आपका ध्यान दिलाना चाहूँगा। एक सोलहवीं शताब्दी का और एक अठारहवीं शताब्दी का है। एक बांग्ला की रामकथा है 'चन्द्रावती' द्वारा लिखी गयी और दूसरी है राधिका सातवनम् मुतुपलानी की जिस पर मैनेजर पाण्डेय जी ने काम किया है। ये दोनों टेक्स्ट है, पहले हम चन्द्रावती के रामायण पर थोड़ी बात कर लें। बहुत दिनों तक यह माना जाता रहा कि यह एक अधूरी रामायण है इसमें कोई लिटरेरी मेरिट

ही नहीं। बहुत दिनों तक यह भूला हुआ टेक्स्ट बना रहा। जब किसी वस्तु का वृहद् आख्यान बनाते हैं तो उसमें गड़बड़ी होती है। जो कैनोनिकल एक मानसिकता बनती है उसके पैरामीटर पर जब आप चीजों को ले जाते हैं तो यह गड़बड़ी हो जाती है। जब यह टेक्स्ट सामने आया और इसमें नारीवादी चेतना का बहुत बड़ा हाथ भी है। वहाँ जब देखा गया इस आख्यान को तो उसमें वो बातें थीं, पहली तो ये कि ये उस बड़ी मानसिकता का निषेध करता था कि महाकाव्य में युद्ध होना चाहिए। इसमें राम का वो चरित्र था जो सीता के प्रति तमाम अन्याय करता है और उससे सम्बन्धित चीजें जैसे बच्चे का पैदा होना और तमाम ऐसे धार्मिक आयोजन बहुत पुरजोर ढंग से इसमें कहे गये थे। ये कथा राम से नहीं सीता के जन्म से शुरू हुई और सीता के विरोध, विलोप पर खत्म हो जाती थी। इसलिए इसे अधूरी रामायण कहा गया। दूसरा जो टेक्स्ट था मुट्टुपलानी का 'राधिका सांतवनम्'। इसकी एक दिलचस्प कथा है। इसमें तंजाबुर की एक राजनर्तकी थी उन्होंने यह काव्य लिखा और उस जमाने में यह काफी पसन्द किया गया। 1905 में इन्हीं के वंश में एक लेखिका हुई थी बी. नागतम्मा। उन्होंने जब इस टेक्स्ट को फिर से छापा तो अपने आप को गौरवान्वित महसूस किया। इसलिए कि हमारे में खानदान की किसी महिला ने लिखा है तो इसके पब्लिकेशन के साथ जो राजनीति हुई। ये तेलुगू भाषा का टेक्स्ट है और उस समय के तमाम जो लोग थे वो इसे एडिट करने की कोशिश में लग गये। तो ये जो साइलेंस हो गया था उसको एक अभिव्यक्ति मिलती है इन जन आन्दोलनों के कारण और उस पर प्रश्न लगाये हुए, उस संस्कृति के विघट आख्यान पर प्रश्न लगाते हुए ये चीज सामने आती है जो हमारे ध्यान को भंग करती है और अपना स्थान बनाने की कोशिश करती है। दूसरी बात को मैं यहाँ कहना चाहता हूँ सामाजिक ज्ञान की जब हम बात करते हैं तो थोड़ा हम गोल्डन पीरिएड में आये कि औपनिवेशिक काल में एक महत्त्वपूर्ण बात हुई कि खतरनाक भी थी कि अंग्रेजों ने राजनीति के साथ-साथ हिन्दुस्तान की संस्कृति का, बायोडिवरसिटी का तमाम छोटी-छोटी श्रेणियों में, ऐसा डाक्यूमेन्टेशन कराया कि जिससे इस प्रोजेक्ट में सहभागी थी हमारा मिडिल क्लास। लेखपाल सिविल सर्वेन्ट सारे रहे और इसकी राजनीति को समझने के फायदे में लगा रहा इसका असर हुआ हमारे बंजारों पर जो गाँव के लोग थे वो हिचक के साथ बहुत मुश्किल के साथ डेटाज उपलब्ध कराते थे पता नहीं सही भी होते थे या नहीं होते थे। लेकिन ऐसा हुआ आसाम वगैरह में तो लोग काम छोड़कर भाग जाते थे। मतलब यह है कि जो अधिकार उसके परम्परागत थे जंगल के जमीन के ये समुदायों के नियन्त्रण के अन्दर जो समाप्त होने वाला था उसको कहीं वो भाँप चुका था।

उदय प्रकाश की एक कहानी है जिसमें दो महिलाएँ हैं एक कलकत्ता के मध्यवर्ग से सम्बन्ध रखती है मोहिनी ठाकुर दूसरी वो नटिनी चौकी। दोनों आपस

में सम्बन्धित हैं। मोहिनी ठाकुर शोषित है अनिच्छा से कई बार जैसा कि उदय वर्णन करते हैं कि तमाम लोगों से एक ही रात में सम्बन्ध बनाने के लिए उसकी माता ही प्रेरित करती है और कमरे में ढकेलती है। वही आप देखें कि जो नटिनी से सम्बन्ध बनता है। नटिनी अपने इथिक्स पर एकदम कायम है उसके लिए कोई भी कालोनियम लौंज हो फ्यूडल मास्टर हो कोई मतलब नहीं उसको इथिक्स में बताया गया है कि नटिनी का उपभोग तो कोई कर ही नहीं सकता नटिनी उपभोग करती है दूसरों का। जहाँ उसको पता चलता है कि साहब इस वक्त तुम देश का नक्शा बना रहे हो तो वहाँ उसका रेसिस्टेन्ट आता है और वो कहती है कि आपने नक्शा बनाया होगा उससे फर्क क्या पड़ता है। हमारे यहाँ जिसे मारना होता है तो उसका पुतला बनाते हैं उसका एक-एक अंग काटते हैं दो मर जाते हैं। तुमने हमारे मुल्क का नक्शा बनाया और तुम उन पर घोड़े दौड़ाओगे। ये पहचान जो उत्तम दिखा रहे हैं। नटिनी ने की है ये उसमें बहुत से ट्राइबल्स ने की और उनके साथ बहुत-सी ज्यादतियाँ भी हुईं। इन सर्वेज के कारण जब जंगल से उनके अधिकार खत्म कर दिये गये एक रिस्ट्रीक्टेड मूवमेन्ट इन्हें दिया गया। उनका बहुत कुछ खत्म कर दिया गया जो कि जंगल उनकी प्लान थी वो दे दिया ठेकेदारों को जिनका उद्देश्य जंगल का सिर्फ दोहन था। ये जंगल ऐसी जनजातियों के लिए सब कुछ थे वो वन कट गये। वहाँ वो अधिकार नहीं रहा तो हुआ क्या कि वो भूमिहीन मजदूर की तरह उस एग्रीकल्चर सिस्टम में काम करने लगी और दूसरे तरीके से शोषित होती रही। पहले वो किसी की नौकर नहीं थी अपने पर निर्भर थी अपने जीविका खुद चलाती थी अब वो हलवाहा और चरवाहा बनकर रह गये। मैं अब आपका ध्यान अखिलेश की कहानी 'वजूद' की तरफ ले जाना चाहता हूँ। जय प्रकाश जो है उसका पिता रामबदल है उसका बेटा कोमल है। जंगल से जिस तरह से चीजें लाते हैं औषधियाँ लाते हैं। जंगल लगाए हैं जो उसने छोड़ दिया। यह हमारे सत्ता के जंगल का एक नजरिया है और इतने जन्तु और हिंसक प्रवृत्ति के बावजूद जंगल छोड़ नहीं पाता। एक वो है राम बदल का परिवार। निश्चित रूप से मैं कहता हूँ कहानी के सार से बाहर जाके देखें तो निश्चित रूप से ये वो परिवार जो होगा मूलतः जंगल पर आधारित होगा और जंगल पर इसके अधिकार जिस तरह, खत्म हुआ और उसे हलवाहा-चरवाहा बनना पड़ा और जंगल में जानवर की तरह काम करता है वो निश्चित रूप से ऐसा परिवार रहा होगा।

खण्ड-VII

साहित्य, समाज एवं नयी चुनौतियाँ

विशेष व्याख्यान / रवीन्द्र कालिया

उत्प्रेरक व्याख्यान / लाल बहादुर वर्मा

मुख्य व्याख्यान / नीलाक्षी सिंह

रवीन्द्र कालिया

मैं समझता हूँ कि नयी टेक्नोलॉजी का हमारे सम्बन्धों में जो हस्तक्षेप है, हमारी प्राइवेसी में जो डकैती है जिससे हमारे सामाजिक जीवन में परिवर्तन आ रहा है और यह परिवर्तन हमारे साहित्य में परिलक्षित होना चाहिए। एक रियेलिटी से आपको वाकिफ कराना चाहता हूँ जो हिन्दुस्तान में आज से 10 साल पहले नहीं थी, एक आई. टी. प्रोफेशनल का जो जीवन है वो नितान्त मिडिल क्लास के जीवन से भिन्न है आप गुड़गाँव का जीवन देखें, लड़कियाँ रात भर लड़कों से कन्धा मिलाकर काम करती हैं। वहाँ सेक्स का वो टैबू नहीं रह गया है जो एक-दूसरे समाज में है। यहाँ एक पैरलल समाज जन्म ले रहा है। इसके दुष्परिणाम भी हैं। लड़कियाँ जो दिल्ली में रात को घर लेट पहुँचती हैं वो अक्सर टैक्सी वालों की हवस का शिकार बन जाती हैं। शायद पहले दिल्ली में दहेज की खबर ज्यादा आती थी आज बलात्कार की, हत्या की खबर आती है। क्योंकि एक ऐसा असुरक्षित समाज इस आई. टी. इण्डस्ट्री ने बना दिया है कि लड़का-लड़की साथ-साथ काम करते हैं और एक दोस्त की तरह उनमें सम्बन्ध हैं। आई. टी. वर्ल्ड की जो रियेलिटी है वो मैंने साहित्य जगत में नहीं देखी। कुछ लोग जैसे दो लड़कियाँ हैं एक प्रत्यक्षा उसकी कहानी में कहीं-कहीं यह रिफ्लेक्ट होता है, और दूसरी है मनीषा कुलश्रेष्ठ वो एक साईट भी चलाती है जो बहुत प्रसिद्ध है। मैं यह बताना चाहता हूँ कि हमारा साहित्य कहाँ सिफ्ट हो रहा है।

यहाँ एक और समस्या है जो पंजाब, हरियाणा और दिल्ली में देखने को मिल रही है वो है कन्या भ्रूण हत्या। मेरा ख्याल है उतने बच्चे हिन्दुस्तान में पैदा नहीं होते जो पैदा होने से पहले खत्म कर दिये जाते हैं और उसके क्या दुष्परिणाम हैं हमारी सोसाइटी में वो दिखने लगे हैं जो पहले दिखाई नहीं देते थे। जैसे अब केवल लड़का ही पैदा होता है। पंजाब में एक जिला है नकोतर वहाँ लड़की पैदा हुए दस वर्ष हो गये। यह रियेलिटी कहाँ हमारी रचना में आ रहे हैं। इन रियेलिटी के कुछ सामाजिक परिणाम भी हैं जैसे अपनी तरफ से बहुत-सी संस्थाएँ काम कर रही हैं। नकोतर के डी. एम. ने यह कह दिया है कि हम डॉक्टर से सम्पर्क करते हैं कि

कौन औरत माँ बनने वाली है और वहाँ बधाई का तार भेजते हैं और जब पता चलता है कि कहीं कन्या भ्रूण हत्या हुई है तो वहाँ सामाजिक स्तर पर प्रयास शुरू करते हैं और उसका ऐसा परिणाम होता है लोग कहीं मुँह दिखाने लायक नहीं रहते। अभी नकोतर में एक घर में लड़की हुई तो लोगों ने उसका स्वागत नगाड़े बजा कर किया। हैदराबाद में भी एक मॉनिटरिंग संस्था ने कहा है कि वो भ्रूण हत्या होने नहीं देंगे और अगर ऐसा होता है तो वो ऐसे ही शोक मनाएँगे जैसे कि किसी नौजवान या स्त्री के मरने पर होता है। लेकिन जो हो चुका सो हो चुका। हरियाणा में हर लड़के को लड़की नसीब नहीं है। अब हर दूसरे, तीसरे लड़के में लड़कियों की शादी हो सकती है। लड़कियाँ इतनी कम हो गयी हैं कि वे साउथ से लाई जा रही हैं इसके पीछे भी एक कहानी है। जब हरियाणा की एक नर्स ने देखा कि लोग कैसे लड़कियों के लिए तरस रहे हैं तो उसने कहा कि मेरे यहाँ एक लड़की है जिसे मैं यहाँ ला सकती हूँ और उसका नतीजा यह निकला कि उस गाँव की सारी-की-सारी लड़कियाँ हिसार के इस जनपद में आ गयी। अब ऐसा हो गया है कि लड़की लड़की की भाषा नहीं समझता और लड़की लड़के की भाषा नहीं समझती बट दे आर हेपिली मेरिड। भाषा गायब हो गयी। अब आप यह सोचिए कि यह थीम कितनी दिलचस्प हो गयी कि लड़का लड़की की भाषा नहीं जानता और लड़की लड़के की और बच्चे भी पैदा हो रहे हैं।

विस्थापन हर बार बुरा नहीं होता, खास कर के हिन्दुस्तान में। जब आप पीछे मुड़कर देखेंगे तो पायेंगे की विस्थापन इतिहास की एक बहुत बड़ी ट्रेजेडी थी जिसमें यहाँ और वहाँ की पॉपुलेशन मिक्स हुई। अगर विस्थापन नहीं होता तो समाज में जड़ता ही फैलती। विस्थापन के साथ कुछ हद तक विकास भी जुड़ा हुआ है। ये इतिहास का ऐसा अवसर है कि ईस्ट और साउथ से लड़कियाँ अगर उत्तर में आकर सेटल हो रही हैं तो सामाजिक उथल-पुथल होगा ही। इसको समझना ही होगा और ये अन्ततः पॉजिटिव रिजल्ट दे सकता है क्योंकि इसका नतीजा यह हो सकता है कि भारत एक हो जाये। यह इसके दूरगामी परिणाम हैं। लेकिन यह जो मिक्सिंग हमारे समाज में नजर आ रही है उसे समझने की जरूरत है।

समाज में और भी कई समस्याएँ हैं जैसे किसानों की आत्महत्याएँ। शायद प्रेमचन्द के उपन्यास के किसी किसान ने आत्महत्या न की हो। मुझे तो याद नहीं पड़ता। उनमें गरीबी का चित्रण तो मिलता था लेकिन किसान कभी इतना हताश नहीं हुआ कि वह आत्महत्या कर ले। यह सरकारी आँकड़े हैं कि पिछले 10 वर्षों में 15 लाख किसानों ने भारत में आत्महत्याएँ की हैं। हमारे साहित्य में किसी एक किसान की आत्महत्या नहीं दिखाई देती। आज पेपर में देखने को मिलता है कि आटा 18 रु. किलो बिक रहा है जो आज से पहले कभी नहीं बिका है और फिर

भी किसान आत्महत्या कर रहे हैं। यह एक ऐसी रियेलिटी है जो न हमारी समझ में आ रहा है, न लेखक की, और न इतिहासकार की। यह जो सामाजिक विज्ञान संस्थान है वो इस पर रिसर्च करें कि क्या कारण है कि किसान आत्महत्या कर रहे हैं। यह मेरे हिसाब से साहित्य के लिए भी चिन्ता का विषय है और अगर आप चीजों का विश्लेषण करें तो कहने वाले तो यह कह रहे हैं कि आने वाले समय में कुछ चीजों की फूड शार्टेज होगी। यह जरूरी नहीं कि यह हिन्दुस्तान में हो। फूड शार्टेज अब वर्ल्ड वाइड फिनोमेना हो गया है। इस साल के आँकड़े यह बता रहे हैं कि संसार में जिस तरह से पॉपुलेशन की वृद्धि हो रही है उस अनुपात से कृषि का उत्पादन नहीं हो रहा। अगर यह डैफिसिट की तरफ चला गया तो एक नया क्राइसिस हमारे यहाँ शुरू हो जायेगा।

आज अपने समय को, अपने इतिहास को और अपने समय के यथार्थ को जब तक हम नहीं समझेंगे और सिर्फ सैद्धान्तिक बातचीत करेंगे तो मेरा ख्याल है हम बहुत दूर तक नहीं जायेंगे। यह जो गैप दिख रहा है आज की रियेलिटी में और आज के साहित्य में इसे दूर करना आवश्यक है।

लाल बहादुर वर्मा

मैं समझता हूँ कि चुनौतियों की बात करते ही दो स्थितियाँ स्पष्ट हो जायें एक तो चुनौतियों को जानने-समझने महसूस करने और प्रतिकार करने की चुनौती ही सबसे बड़ी चुनाती है। आज अधिकांश लोगों को चुनौतियों का अहसास तक नहीं है। इसलिए अगर हम चुनौतियों की बात कर रहे हैं तो चुनौतियों का यथार्थ क्या है पहले उस चुनौती को तो कबूल करें। मैं स्पष्ट कहना चाहता हूँ कि चुनौतियों पर हम यह संगोष्ठी कर रहे हैं उस पर थोड़ा आत्ममंथन करें जिससे हमें चुनौतियों का अहसास हो पायेगा तथा चुनौतियों व प्रतिकार से निबटने की ताकत पैदा हो पायेगी।

दूसरी बात कि चुनौतियाँ कोई निरपेक्ष चुनौतियाँ नहीं हैं। कुछ चुनौतियाँ वस्तुगत रूप से सर्वव्यापी हैं। उन पर भी हम आयेंगे। चुनौतियाँ इस बात पर भी निर्भर करती हैं कि आप कहाँ से खड़े होकर इन चुनौतियों को देख रहे हैं। इस संगोष्ठी में अगर मतगणना कराई जाये तो ऐसा नहीं होगा कि सब लोग किसी एक चुनौती को ही सबसे बड़ी समस्या मान लें। यानी चुनौती का एक आत्मनिष्ठ एहसास भी है। ऐसे में हम किस चुनौती की बात कर रहे हैं। जाहिर है कि साहित्य सन्दर्भित है तो हम साहित्य को लेकर या साहित्य के परिलक्षित या साहित्य के सरोकार से जुड़ी चुनौतियों को लेकर बातचीत करेंगे। साहित्य में बहुत-सी चीजें ऐसी हैं जो सन्दर्भित नहीं हैं। अगर चुनौतियों की सूची बनाई जाये तो बहुत लम्बी फेहरिस्त बनेगी। मैं तीन चुनौतियों की बात करूँगा जो सर्वमान्य चुनौतियाँ हो सकती हैं। एक चुनौती अस्तित्व की चुनौती, दूसरी विडम्बना की चुनौती है, तीसरी चुनौती आत्मकेन्द्रण और आत्मबौद्धता की चुनौती है। चूँकि हम साहित्य पर बात करने जा रहे हैं इसलिए उसका जिक्र करना जरूरी है। अस्तित्व की चुनौती देखें मैं यहाँ ग्लोबल वार्मिंग या ओजोन लेयर के विस्तार में नहीं जाऊँगा। लेकिन जब धरती का अस्तित्व ही संकट में हो और साहित्य समाज के सबसे समझदार और सबसे संवेदनशील लोगों का कार्यक्षेत्र हो तो मानव का अस्तित्व भी खतरे में होगा। धरती का अस्तित्व जब खतरे में है फिर साहित्य कौन और किसके लिए लिखेगा।

एक और चीज देखें तो न्यूरो साइंस में जो रिसर्चेज हो रही है सारा खेल हार्मोन्स का माना जाता है। जो कुछ भी हम सोचते या रचते हैं वो एक रासायनिक क्रिया का परिणाम है। अगर सारी क्रियेटिविटी रासायनिक प्रक्रिया पर निर्भर है तो साहित्य संस्कृति का अस्तित्व बनेगा या जो पारम्परिक साहित्य-संस्कृति की धारणाएँ या रचनाएँ हों वो कहाँ टिकेंगी। फिर साहित्य और संस्कृति में उस नियतिवाद का क्या होगा? अगर रचनाकार का संसार उसका अपना कमरा हो, उसकी अपनी जाति हो, उसका अपना देश, अपने मित्र या कुछ समीक्षक हो। ऐसे में मैं समझता हूँ कि इस साहित्य से अधिक उदात्तता विश्वव्यापकता जिया जा सकता है और एक रचनाकार से ज्यादा कौन जियेगा लेकिन क्या वो जी पा रहा है? ऐसी स्थिति में आत्ममुग्धता और आत्मकेन्द्रिता का, इससे ज्यादा और क्या प्रमाण मिलेगा कि रचनाकारों का सरोकार पाठकों से नहीं रह जाता है। आज कौन से रचनाकार हैं जो इस बात पर विशेष ध्यान देते हों कि उनकी किताब पढ़ी जाये। ज्यादातर वे ये सोचते हैं कि किताब मित्रों या समीक्षकों तक पहुँच जाये। आप यही बता दें कि इतने सांस्कृतिक संगठन हैं इस देश में क्या कभी बैठकर चर्चा हुई कि पाठक क्यों कम हो रहे हैं? अगर पाठक नहीं हैं तो हम किसके लिए लिख रहे हैं? आज भी अगर साहित्यकार आत्मकेन्द्रित आत्म मुक्त हैं तो निश्चित रूप से वह अपने दायित्व का आपके अनुसार निर्वाह नहीं कर पायेगा क्योंकि आज किसी भी व्यक्ति की पहली जरूरत है कि वो इसी शताब्दी का हो बाद में हिन्दू, क्षत्रिय, ब्राह्मण, पाकिस्तानी जो होना चाहे हो ले। 20वीं शताब्दी का फण्डामेन्टलिस्ट 19वीं शताब्दी के फण्डामेन्टलिस्ट से भिन्न होगा और 21वीं शताब्दी के कम्युनिस्ट को 19वीं शताब्दी के कम्युनिस्ट से भिन्न होना पड़ेगा। ऐसी हालत में एक सवाल की तरफ ध्यान आकर्षित करना चाहता हूँ जैसे दुनिया में प्योर साइंस कम होता जा रहा है और एप्लाइड साइंस का दौर बढ़ रहा है। कहीं ऐसा तो नहीं कि लिटरेचर की जगह अब एप्लाइड लिटरेचर आ गया है और अगर यह समस्या है तो क्या हम इसे शुतुरमुर्ग की तरह झेल पायेंगे या उसका मुकाबला करेंगे।

एप्लाइड लिटरेचर का मैंने गिमिक के तौर पर इस्तेमाल नहीं किया है। ऐसी स्थिति में दुनिया की कोई भी चीज जैसी चलती चली आ रही थी वैसी ही चलती चली जायेगी तो वह अपर्याप्त होगा। इसलिए साहित्य में यह सोचना पड़ेगा कि आज का साहित्य कैसा हो। हमारा महान साहित्य हमारी विरासत है लेकिन सही वारिस वो होता है जो विरासत को समृद्ध करे। यानी जैसा साहित्य लिखा जाता रहा है वैसा ही लिखा गया तो पर्याप्त नहीं होगा। फिर उसे सुधारने का समय मिले न मिले।

नीलाक्षी सिंह

समाज और साहित्य इन दोनों के बीच में जो कॉमन है वो मेरे ख्याल से यथार्थ है। यथार्थ जिसका ताना-बाना कमोबेश बाजार के रूप में दिखाई पड़ता है। पूँजी और प्रौद्योगिकी से लैस जो बाजारवाद सामने आया है उसकी चमक बाहरी है। पहले के समय बहुत से वस्तुओं में अपनी पसन्द की वस्तु चुनना बाजार का मतलब हुआ करता था। आज विकल्प बाजार में पहले आ जा रहे हैं फिर उसका प्रमोशन ऐसे हो रहा है कि वो हमें और आपको रसने लगता है। विकल्प पहले आकर आदमी को टारगेट बनाने लगती है। साहित्य के सामने सबसे बड़ी चुनौती समाज के इस यथार्थ को बदलने की है। इस नये यथार्थ की संगति में मनुष्य का मनोसामाजिक बदलाव बदल रहा है। देखा जाये तो वैश्वीकरण के दौर में विश्व को एक छोटे ग्राम में बदल देने की परिकल्पना है दरअसल इसकी आड़ में वैश्वीकरण इस गोले को बड़ा ही कर रहा है यानी केन्द्र और हाशिए की दूरी बेतहाशा बढ़ रही है। हाशिए के जीवन, जन्तु, संस्कृति नष्ट हो जाने के लिए छोड़ दिये गये हैं। भूमण्डलीकरण के इस दौर में व्यापार और संवाद के साथ ही हमारी स्थानीय सीमाएँ तरल हो गयी हैं और सामाजिक ढाँचा परिवर्तित होने की बजाय बिखर रहा है। इस प्रकार दुनिया के नक्शे पर घटने वाली यह घटनाएँ व्यापार सम्बन्धी मसलन दैहिक, राजनैतिक, सामाजिक समस्याओं को जन्म दे रही हैं। मनुष्य को इन समस्याओं का सामना स्वयं करना है। स्थानीय चीजों के वैश्वीकरण से लोकल और ग्लोबल का मत मिट गया है। और लेखन अनुभव के इस नये दिशा में एक छोर पे चीजों को देखने की कोशिश कर रहा है। भूमण्डलीकरण में सभ्यता को एक अप्रत्याशित गति दी है और इससे मनुष्य चकित है क्योंकि दृश्य में यथार्थ मनुष्य के आगे पंजे फैलाए खड़ा है। एक ऐसा यथार्थ जिसे समझना-बूझना आपके लिए दुखद प्रतीत हो रहा है क्योंकि वह एक साथ कभी आभासी, गतिवत और कभी रहस्यमयी है। एक तरह से देखें तो साहित्य समय के साथ भागते चित्रों को पकड़ने की कोशिश कर रहा है। लोकल और ग्लोबल

के फर्क के मिटने से एक बड़े परिप्रेक्ष्य का निर्माण साहित्यकार द्वारा किया जा रहा है। वास्तविकता को एक तरह स्थानीय और तात्कालिक सन्दर्भ में देखा जा रहा है। दूसरी तरफ वो उसे वैश्विक और ऐतिहासिक सन्दर्भ में देखने की कोशिश कर रहा है। इस बड़े परिप्रेक्ष्य का निर्माण इसलिए हो रहा है ताकि वो अपने अनुभवों को संजों सके। मेरे ख्याल से अनुभवों को सँजोंने की प्रक्रिया में अनुभवों की ऐसी प्रस्तुति होती है कि उसे परम्परागत विधाओं के साये में फिट किया जा सके। आज उसकी खाई एक-दूसरे की सीमा लाँघ करके एक दूसरे के क्षेत्र में पहुँच रही है। मसलन जैसे आज की कहानी को देखा जाये तो विघटन सत्ता से लेकर तमाम तरह की सूचनाएँ समाज वैज्ञानिक, वैज्ञानिक तक कहानी के इस फार्म में शामिल है। विधाओं की आवाजाही को इस रूप में भी देखा जाना चाहिए कि साहित्य में समाज के यथार्थ या यथार्थ के सच को लेकर किसी तरह की अराजकता या टकराहट है। बल्कि इसे समाज के बहुस्तरीय चरित्रों को समझने की, उन्हें पकड़ने की और उसके ज्ञानबिन्दु को भेदने की साहित्य के अपनी तैयारी के रूप में देखा जाना चाहिए। मेरे ख्याल में एक बेहतरीन और उम्दा रचना हमेशा ही एक सौन्दर्यात्मक और किसी मानवीय क्षण की तलाश में रहती है। अपने लिखे जाने के वक्त और अपने लिखे जाने के बाद भी। अपने लिखे जाने के वक्त यह तलाश रचनाकार के साथ चलती है और लिखे जाने के बाद पाठक के साथ चलती है। यानी एक रचना तभी सफल होती है जब वो यथार्थ और समय के सच को किसी मानवीय क्षण, फार्म में कर सके। और अक्सर देखा गया है कि चूक यहीं पर होती है।

अनुभव से ज्यादा महत्त्वपूर्ण है इसकी प्रस्तुति। अनुभव की संगति में एक सफल रचना पैदा होती है। रचना की सफलता रचनाकार द्वारा यथार्थ की पहचान देने की नहीं बल्कि यथार्थ की इस विशिष्ट गरिमा में है जो अपने पूरे लय, अर्थ और संवेदना के साथ पाठकों के हृदय में प्रविष्ट होती है। आज के समय में साहित्य में बड़े-बड़े सवाल उठ रहे हैं मनुष्य और समाज के नियति के सवाल, सामाजिक सन्दर्भों के सागर पर एक विकसित सभ्यता के दुनिया के सवाल पंजे फैलाए खड़ा है जो साहित्य को उसकी आँखों में आँखें डाल कर प्रतिरोध का रहा है और मेरे ख्याल से साहित्य के लिए सबसे अनुकूल समय यही है क्योंकि लगातार संघर्ष और गतिरोध में किसी लेखक को काल्पनिक रूप में छोड़ देता है और कभी-कभी यह किसी उन्नत अवस्था के आगमन का कारण बन जाती है। समय के साथ साहित्य के बाजार का यह गतिरोध ही बाजार को एक ऐसी अवस्था में ले जाये जो सचमुच उन्नत हो जिसमें पहले उपभोक्ता हो और उसके बाद उसके ज़रूरत की वस्तुएँ।

किसी भी रचना का सबसे बड़ा सच उसका साहित्यिक यथार्थ है। इस समय भी साहित्य और समाज एक सही रिश्ते की पड़ताल यानी यथार्थ की जो भूमिका थी वो रचना के विश्वसनीयता देने की बजाय रचना के भीतर संवेदना को पा लेने में है, चाहे इसके लिए यथार्थ को अपनी प्रामाणिकता को ही क्यों न दाँव पर लगानी पड़े।

□□□